U0855708

DK What Every Parent Needs to Know

DK脑科学

养育指南

养育模式如何影响孩子心智发展

[英] 玛格特·桑德兰 / 著
袁玮 / 译

中国妇女出版社

目　录

CONTENTS

自 序

当我第一次意识到父母和孩子之间的日常互动将对孩子发育中的大脑和长期心理健康产生巨大的影响时，我确实有点震惊。然而，关于这一主题的大量科学研究却没有被父母或公众接受。正是这一点促使我写下这本书。这不仅是关于育儿的另一种观点（我们已经有太多的观点），它还可以让父母根据我们从这些科学研究中总结出的知识为他们的孩子做出明智的选择。

如果没有雅克·潘克塞普（Jaak Panksepp）教授的开创性研究，就没有这本书的诞生。潘克塞普教授对情绪大脑的研究已持续了40多年，他的发现不仅对神经科学领域具有重要意义，而且对人类也有重大影响。他的工作让我们不禁思考，为什么有这么多孩子在长大后会遭受抑郁、焦虑或愤怒的困扰，以及如何预防这些情况的发生。

如果我们可以按照科学的育儿知识采取行动，我们就可以推动社会向更具同情心、反思能力同时尊重差异的良性方向发展。与此同时，社会也将给父母们提供更多的教育资源，并为他们提供关于儿童发展和心理健康的神经科学前沿研究成果，这将促使孩子们更茁壮地成长。

玛格特·桑德兰（Margot Sunderland）
伦敦儿童心理健康中心教育培训主管
英国创伤知情学校（CIC）创新与研究总监
治疗与教育艺术学院（高等教育学院）创始董事

推荐序

这本精彩的育儿实践手册描述了从情绪良好的大脑中培养出健康心灵的方法。育儿的情绪和认知品质（甚至在出生之前）可能会对孩子的心理健康产生终身影响。情绪受到珍视和尊重的孩子会比那些在幼年期间强烈情绪得不到认可和抚慰的孩子生活得更幸福。过度的痛苦或关爱会对发育中的大脑的情绪回路和认知能力产生持久的消极或积极影响。

现代神经科学已经阐明大脑结构和神经化学是如何影响动物情绪的，这也直接影响了婴儿和儿童的心理健康。当我们能更好地了解儿童大脑中社会情绪冲动的本质时，我们能为儿童的成长打开更多的大门。学龄前阶段对每个孩子未来的成功尤为关键。

玛格特·桑德兰出色地整合了大量较新、较丰富的关于大脑和思维发展的科学证据。她分享出具有科学依据的安全育儿实践基础知识，以便让这个世界变得更美好。

雅克·潘克塞普（Jaak Panksepp，1943～2017年）
华盛顿州立大学综合生理学和神经科学系动物福利科学教授及讲席教授
博林格林州立大学心理学系杰出荣休教授
西北大学福尔克分子治疗学中心情绪神经科学研究负责人

导 言

作为一名25年来一直研究育儿决策对孩子大脑发育的长期影响的专业人士，我写下了这本《DK脑科学养育指南》（第三版）。我非常清楚，对我们这几代人来说，基于特定观点的育儿方式对无数孩子造成了极大的伤害。在新版中，我增加了如何保护孩子心理健康的内容。媒体上几乎每天都有大量统计数据和报道，称患有抑郁症、焦虑症和自杀倾向等心理健康问题的儿童和青少年人数不断增加。与此同时，现在又有很多重要的神经科学研究成果告诉我们如何避免儿童和青少年在痛苦中成长。

令我感到激动的是，由于目前人际关系方面的脑科学知识有了最新进展，我们无须再重复过去的错误。然而，如此重要的科学知识并没有被父母们接受。此外，自本书第二版问世以来，这7年间相关研究有了很多重大进展。因此，在撰写这一新版本时，我参考了来自世界各地的实验室、医学系和大学的2000多项科学研究。我想把最新的研究成果以通俗易懂的方式介绍给父母们，为大家提供有科学依据的育儿技能，帮助大家做出明智的育儿决策。父母有权知道自己的育儿选择，以及和孩子之间的交流方式对孩子大脑发育的影响，就像有权了解孩子的营养需求一样。

研究表明，亲子关系会改变大脑，而不仅仅是思维。有充分的证据表明，我们与父母一起度过的童年经历将对我们后来的身心健康产生重大影响，无论是好是坏。童年经历关乎孩子是否可以过上有意义的生活，是否会患上与压力相关的血压疾病、精神疾病、免疫系统疾病，是否变得焦虑。此外，自本书前两版问世以来，我们有了很多新发现：我们现在知道，人们可以在怀孕和育儿阶段开启或关闭关键基因、预防癌症、延长寿命，等等。因此，通过本书中描述的循证育儿实践，你可以为孩子提供更好的生活质量，用正确的方式为孩子更好地获得长期的身心健康奠定基础。如果没有本书的指导，你很可能会选择一些被普遍接受的育儿方法，但这可能会损害孩子的大脑和身体。

最新的神经科学研究进展使人们开始直面父母育儿模式转变的必要性。与其简单地考虑是否进行睡眠训练、陪睡、控制哭闹、忽视孩子的坏脾气、使用淘气惩罚椅或让幼童玩平板电脑，我们更需要扪心自问："我现在的育儿方式会如何影响孩子大脑中长期的化学物质平衡和更高级的人类功能？我每天与孩子相处的方式将如何影响他的生理功能、他在压力下做出正确决定的能力、他长大后遭受焦虑或抑郁折磨的可能性，或是他成年后继续在工作和人际关系中茁壮成长的能力？"在我们理解儿童需要什么才能茁壮成长的过程中，神经科学并没有提供简单直接的解决方案，但它确实是一块至关重要的拼图。

有些人会说："我不需要别人来告诉我如何为人父母。我只要爱孩子就好！就算没有育儿专家，我的孩子也能成长得很好！"然而，如果自然而然就能产生良好的育儿方式，那为什么会有这样的统计数据：2021～2022年，英国开出了超过8300万份

治疗抑郁症的处方（包括重复处方），而这个国家只有大约6800万人口。有科学证据证明，父母的育儿方式可以改变孩子的大脑，使其在今后的生活中免受抑郁和其他心理健康问题的影响。改变育儿方式，为孩子塑造美好的人生，永远都不会太晚。

那么，为什么育儿方式会对孩子的大脑和身体产生如此巨大的影响呢？答案是，当一个孩子出生时，他的大脑还在发育——它还没有长好。一些脑细胞仍在向正确的位置移动（这一过程称为“迁移”）。在生命的第一年，情绪健康关键基因仍在进行表达。此外，重要的调节系统也在婴儿的大脑和身体中建立起来。所有这些发育过程都极度敏感，容易被婴儿生活中的压力所带来的不利变化影响。因此，你与孩子在幼年期的关系具有极大的影响力。另外，孩子的大脑就像一台无线电脑，它将被连接到“平静”还是“警报”模式，很大程度上也取决于你和孩子的关系。

你可能会认为，最重要的影响因素当然是基因，而不仅仅是育儿方式。就身心健康而言，我们有脆弱性基因和保护性基因，但它们之间的关系不再像“后天对抗先天”那样简单。近些年来，表观遗传学领域的科学家发现，外部因素和环境因素（包括

父母的育儿方式）可以开启或关闭某些基因。正确的育儿方式可以关闭脆弱性基因，开启保护性基因，而错误的育儿方式则会起到相反的作用。

简而言之，我们现在已经进入了全新的育儿时代，在这个时代，我们首次拥有了帮助孩子茁壮成长的科学证据，而不仅仅是观点。在本书的第三版中，我将向各位展示这些证据。我重新编辑了每一章的内容，每一节都包含了最新的研究成果。需要注意的是，虽然本书中引用的大部分研究都是针对母亲的，但并没有低估父亲的重要性。

新加的第七章解释了移情式养育如何保护孩子的心理健康，第二章和第三章解释了孩子的睡眠、行为和哭泣背后的逻辑，第五章的重点是父母如何帮助孩子发展快乐、幽默和自主的能力，第六章聚焦父母如何确保孩子发挥他们的潜力，第八章讲述如何提升父母和孩子之间的亲子关系，里面充满了基于脑科学的游戏理念，第十二章着眼于父母如何照顾好自己。总体而言，本书为你提供了很多重要的循证技能，以帮助你顺利完成为人父母这项极其重要的任务。

心理健康的真相

媒体上随处可见——全球有大量患心理健康问题的人。世界卫生组织指出，抑郁症是全球范围内的首要致残原因，也是全球疾病负担的罪魁祸首。全世界大约有2.8亿人患抑郁症。那么，这到底是怎么回事?

一些被推翻的假说

你或许很容易认为心理健康问题的症状会像感冒一样降临在你身上，其实并不会。两个常见的关于心理疾病的误解——坏基因假说和化学失衡假说——都已经被推翻了。

坏基因假说

持有这种观点的人认为，有些人天生就有一些使他们在以后生活中容易患上某些精神疾病的基因。多年来，科学家们一直在寻找“精神分裂症基因”或“抑郁症基因”，不过在花费了数百万英镑后，他们停止了这种寻找，因为他们意识到这根本不存在。坏基因假说已经被表观遗传学的大量研究推翻。基因不是命中注定，它们可以被生活事件开启或关闭，尤其是童年时期压力较大的事件。

对同卵双胞胎的表观遗传学研究发现：有时双胞胎中一人会患上注意缺陷多动障碍（ADHD，俗称“多动症”），而另一人则没有；也有的情况是一个发展成孤独症，另一个则没有。由于不同的生活经历（这个不同可能从子宫内的环境就开始了，比如当双胞胎中的一个挤压另一个时），特别是与父母情感形象的关联体验的不同，会导致双胞胎相同的基因被分别打开或关闭。

麦吉尔大学遗传学和神经发育学教授迈克尔·米尼（Michael Meaney）和摩西·西夫（Moshe Szyf）有一项著名的表观遗传学研究。他们在2005年的研究中发现，将焦虑的母鼠所生的老鼠安置在平静的母鼠身边，它们就可以平静地长大；将平静的母鼠所生的老鼠安置在焦虑的母鼠身边，它们就会在焦虑中长大。这个研究证明了心理健康问题，即焦虑不是由基因决定的，而是由表观遗传学决定的。因此，科学家们发现，不同类型的养育——焦虑或平静——可以打开或关闭与大脑压力反应相关的基因和触发产生神经镇静化学物质的基因。（记住，尽管人类负责认知思维的脑区是如此不同和先进，但人类负责情绪的脑区与老鼠非常相似：分泌相同的压力激素和相同的神经镇静化学物质。）

化学失衡假说

持有这种观点的人认为，抑郁或焦虑是由大脑中的化学失衡导致的。从20世纪80年代起，人们开始关注一种影响情绪稳定的神经化学物质——血清素。制药公司宣扬抑郁症是由血清素含量低引起的，但2022年《分子精神病学》（*Molecular Psychiatry*）上发表的一项纳入了数千名抑郁症患者的荟萃研究最终推翻了这一观点。这项研究发现，没有任何证据表明抑郁症是由血清素含量低引起的，抑郁症患者和健康对照组的血清素转运蛋白基因也没有差异。

是什么导致了心理健康问题？

造成心理健康问题的两个关键因素是：痛苦的生活经历和引发压力的育儿方式。

痛苦的生活经历

这些经历包括父母分离、亲人死亡或被亲人遗弃、被欺凌、多次转学、父母有心理健康问题或吸毒、目睹家庭暴力、贫困、被虐待和歧视。研究表明，童年的创伤性生活经历（ACEs）越多的人，患精神疾病、身体疾病和早逝的可能性就越大。除非在你身边始终有一个保护因子，也就是在你的生活中可以得到一位情绪稳定的成年人的帮助，而且越早越好（例如，这个人可以是一位心理咨询师或心理治疗师）。这项针对17000人的原创研究结果已在世界各地得到证实，并得到了世界卫生组织的认可。

引发压力的育儿方式

育儿方式和育儿决策会对孩子的内分泌系统、免疫系统、自主神经系统和大脑中的压力反应系统产生长期影响，这种影响可能是好的，也可能是坏的。父母和照护人需要在孩子的一生中，尤其是青少年时期帮助孩子缓解压力。换言之，父母作为情绪调节者发挥着至关重要的作用。当父母在与孩子相处时成为那个带来压力而不是减少和调节压力的人时，孩子的心理健康和身体健康问题就会随之而来。

即使孩子在生活中存在如上所述的创伤性生活经历，缓解压力的育儿方式依然可以保护孩子在以后的生活中避免出现心理健康问题，在大部分情况下，这对家长来说也是一个愉快的过程；而引起压力的育儿方式对家长来说意味着经历一段长期的艰难旅程，同时也给孩子的心理健康带来风险。

养育子女不可避免地会有一些乏味：换尿布、做饭、打扫卫生、洗衣、熨衣服、家校合作——而所有这些都需要在处理工作之外完成。为了弥补这一点，你和孩子在一起的时候需要更加活泼，这可以让你的生活变得丰富多彩。如果你和孩子在一起的时候总是担忧和紧张，那么育儿的过程可能会变得令人沮丧，你只是在忍受，而不是令人振奋和富有意义的。

研究表明，慢性压力下应激激素升高，会影响一个人的注意力、专注力和睡眠能力。这可能导致孩子出现包括焦虑和抑郁在内的一系列心理健康问题，以及现在和青少年时期的身体健康问题（一半的心理健康问题始于14岁）。即使在身体和心理都非常安全的情况下，高水平的应激激素也会给人的感知带来持续的威胁感、危险感和恐惧感。持久且没有得到缓解的压力也会阻断催产素和多巴胺的产生，而这两种唤醒神经化学物质在自主缓解压力方面起到关键作用。

具体来说，婴幼儿和儿童有无法缓解的压力，是因为他们经历真正的心理痛苦时没有人帮助他们。正如临床心理学家彼得·福纳吉（Peter Fonagy）所说："逆境无处不在，但只有当一个人经历孤独时，逆境才会成为创伤。"婴幼儿和儿童经常陷入真正的痛苦之中，并为此感到不知所措。更糟糕的是，婴幼儿和儿童还没有成年人那些可以缓解痛苦的方法。如果在这些状态下，他们被忽视、被要求停止哭闹或得不到帮助，就可能会对大脑中仍在发育的关键应激系统产生不利影响。

事实上，孩子大脑和身体中存在的压力调节系统只有通过长期适当的养育才能有效地发挥作用。我们知道，压力调节系统失衡是导致心理健康问题的关键因素，它会让人在压力源结束后的很长一段时间内依然处于压力和应激状态中。正如你可以从这本书中发现的见解和想法那样，作为父母，我们有很多可以做的事，从而让孩子的压力调节系统得以恢复并正常工作。

第一章

孩子的大脑由你掌控

父母不是魔法师，无法保证自己的孩子长大后肯定会获得幸福，也无法保护孩子免受损失和排斥。但我们可以显著地影响孩子的大脑系统，正如我们将在本书中看到的那样，这些系统是获得深刻、充实的生活的关键。

在我们开始养育孩子之前，了解一些关于人类大脑的事实是非常重要的。

大脑的进化

大约3亿年前，地球上进化出了爬行动物，而哺乳动物以及人类在很长一段时间后才出现。令人惊奇的是，我们人类大脑的结构仍然见证着这段历史。大约600万～700万年前，最早的人类亲属（原始人类）的大脑大约只有我们现在的一半大小。

我们的大脑是如何生长的?

大约150万年前，第一个直立人种“直立人”的大脑仍然很小。大约20万年前，我们的直系祖先“智人”的大脑已经明显增大，在大小上基本与我们现代人的大脑相差无几，并具有一种连通性，这表明大脑开始具有产生新想法的高级能力。大约5万年前，人类学会了绘画、制作首饰和珠宝、信奉宗教，但人类仍然花了很长时间才发展出我们今天所具有的复杂思维能力。

我们现在的大脑长什么样?

我们的大脑由许多相互连接的结构组成，其中包括早期的爬行动物脑、较为低等的哺乳动物脑，以及进化的最高荣耀——更为高等的人类脑。人类的哺乳动物脑与其他哺乳动物的大脑非常相似，但高位脑，或者说额叶比之要大得多，所以我们比任何其他动物都更能深入思考。大脑的每个区域都通过神经网络与其他区域相连，但又具有各自的功能。

有时，大脑各区域以一种美妙的协调方式协同工作，随着一些亲社会的大脑化学物质的激活，使人类展现出最好的一面。在其他时候，即使并没有什么针对身体或心理的威胁，大脑的警报系统仍处于主导地位，这可能会使人们的行为方式给自己和他人带来各种痛苦。惊人的是，作为父母，你可以影响孩子大脑中关键功能、系统的发育和激活，以及系统间相互作用的方式。

基础本能

人类可能会觉得自己比其他动物优越，因为我们拥有最发达的高级思维脑。但就我们大脑中古老的爬行动物脑和哺乳动物脑区域而言，我们并不优越。事实上，我们大脑的这些区域在总体结构上（就大小而言）与其他哺乳动物的大脑非常相似。这些古老的大脑区域在几百万年来基本保持不变，正如一位科学家所说：“这就像我们的大脑中携带着一座古老的博物馆。”更重要的是，我们更高等、更理性的思维脑很容易被这些较低等的区域操纵。当我们在生理上或心理上感到不安全时，来自我们大脑中爬行动物脑和哺乳动物脑区域的冲动会操纵我们更高等的人类功能，使我们表现得像一只受到威胁的动物。我们可能会体会到冲动产生的“战斗或逃跑”反应，这会让我们怒气冲冲，或表现出焦虑的行为举止。

作为父母，你可以对孩子的大脑产生影响，使他的高级思维脑能够在大部分时间内控制住原始的低位脑区域的反应。育儿方式会同时影响孩子的高位脑（特别是额叶）和低位脑。

思考

人类已经存在了20万年，并发展出了高度复杂的推理能力，但我们大脑中仍然有爬行动物脑和哺乳动物脑区域。

- 爬行动物脑大约在3亿年前进化而来，它具有本能性，控制着身体功能（如呼吸和消化），并具有基于生存的功能。
- 哺乳动物脑在2亿年前进化而来，形成了作用于社会行为的大脑新程序——如照顾和养育、玩耍、建立联系。

大脑的分区

你养育和回应的方式，会对如何激活孩子大脑的某些部分有很大影响。在孩子出生时，大脑各部分之间的连接还没有完全形成。培养、反思和缓解压力的育儿方式可以帮助孩子大脑各部分的功能和彼此之间的连接发育得更好。

大脑有许多分区，每个分区都有自己的功能。这有助于我们了解不同的组成部分是如何运作的，以及它们如何受到育儿方式的影响。

高位脑

高位脑（也称“端脑”）是大脑最大的区域，由四部分组成，分别是额叶、顶叶、颞叶、枕叶，其中最大的是额叶。额叶的功能包括学习、参与、集中注意力、计划、解决问题、管理压力和控制冲动。在额叶内有以下几个区域：背外侧前额叶皮质、腹内侧前额叶皮质和眶额叶皮质（见第23页）。高位脑分为两个半球：左脑负责处理语言交流和词汇，侧重细节和分类；右脑负责处理图像和图片，使我们能通过隐喻交流和理解情感的意义，它记录身体状态的能力远比左脑强，并能在几毫秒内捕捉到情绪的氛围。

低位脑——哺乳动物脑区域

这一区域也被称为“边缘系统或情绪脑”，它的系统和结构与其他哺乳动物（如黑猩猩）相同。该区域包含七类基因固有的基本情绪系统：三类警报系统（愤怒、恐惧和惊慌/悲伤系统）、三类幸福系统（关怀、探索和游戏系统）、一类欲望系统。这些系统就像肌肉，那些经常被激活的系统更容易成为人格的一部

大脑的关键区域

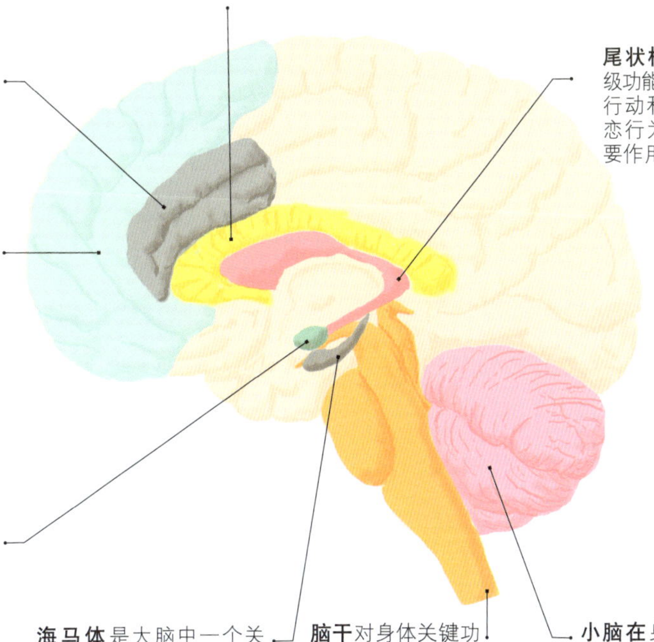

分。你的育儿方式决定了哪些系统将在孩子的生活中处于主导地位。在这一区域，一些关键结构与特定的情绪相关联。

低位脑——爬行动物脑区域

这一区域包括脑干和小脑。脑干对调节心率、呼吸、消化、唤醒和意识至关重要，其中包含奖励中枢和警报系统（包括蓝斑核），当我们感到压力时，它会释放去甲肾上腺素，触发防御性行为（战斗、逃跑、僵持）。婴儿猝死综合征（SIDS）的睡眠呼吸暂停就是因脑干唤醒失败导致的。小脑位于脑干后方，负责运动协调、控制和姿势平衡，并通过与高位脑之间的通路在情商方面发挥作用。

育儿方式对大脑的影响

几个世纪以来，我们一直在尝试各种各样的育儿技巧，却没有意识到这些技巧对孩子大脑发育和将来的精神健康可能产生的长期影响。直到现在，我们还很难说清楚我们的行为会如何影响孩子大脑的发育，然而我们知道，父母与孩子的互动方式可能会对孩子的大脑功能和大脑中的化学物质平衡产生长期影响。

随着神经科学和脑部扫描技术的进步，以及对灵长类和其他哺乳动物大脑的多年研究，我们已经了解众多育儿方式对孩子大脑的不同影响。父母的育儿方法可以决定孩子的大脑系统和化学物质是否被激活，尽管孩子在生活中会不可避免地遭受打击和痛苦，却依然能够享受丰富而有意义的生活。

养育风格

作为父母，你对孩子的情绪大脑发育有很大的影响，特别是生命的最初几年是大脑发育的关键时期。在这个时期，婴儿的大脑以极快的速度形成新的大脑通路。事实上，人类大脑90%的生长都是在生命的前5年里完成的。在这关键的几年中，数以百万计的大脑连接正在形成、分解、重新形成，这个过程直接受到孩子的生活经历，特别是亲子之间情感经历的影响。

到7岁时，这种大规模的塑造活动逐渐减慢，因为越来越多的脑细胞正在形成髓鞘（一种白色物质，由蛋白质和脂肪组成，像剑鞘一样包裹脑细胞，类似一层绝缘体）。髓鞘的形成使脑细胞之间能够更好地沟通，并加强大脑通路，将其固定在适当位置。因此，这句经常被引用的名言还是有一些科学道理的：“3岁看大，7岁看老。”

思考

右侧的图显示了孩子的高位脑是如何以非常快的速度形成连接的，这是由生命最初几年的经历塑造的。

脑细胞（神经元）的丧失是大脑“自然塑造过程”的一部分，这一过程将持续人的一生。在强化大脑中的关键连接时，不必要的或未被充分利用的通路会被修剪掉。

在出生时，我们有大约2000亿个脑细胞；起初，脑细胞没有相互连接，像电脑里悬挂的电线一样；到1岁时，已经失去了大约800亿个脑细胞；到青少年时期，会失去大约900亿个脑细胞；到35岁时，大约失去1000亿个脑细胞；到70岁时，大约失去1050亿个脑细胞。这都要归功于所谓的“突触修剪”，就像修剪玫瑰花丛可以让花长得更好一样。

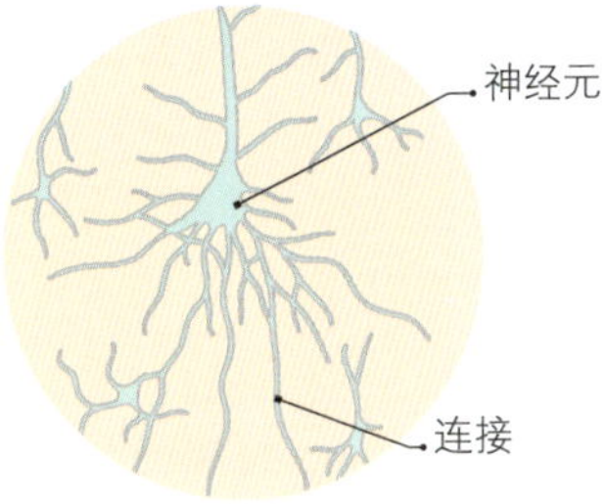

一个新生儿大约有2000亿个脑细胞，但连接很少。

在1岁孩子的高位脑中，细胞已经发育出更多的连接。

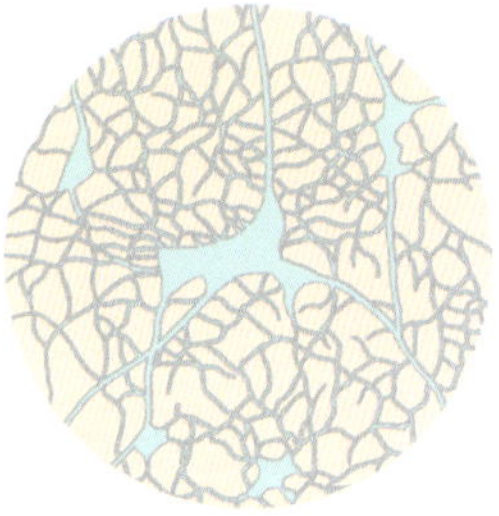

在2岁孩子的大脑中，连接变得更加复杂，而且突触修剪已经开始。

亲子连接

你的宝宝和你一起经历的每一件事都会使他的高位脑（额叶）中形成新的大脑通路。人类大脑被特别设计成这种模式，这样内部间可以相互连接，以适应它所处的特定环境。这种适应性对孩子的幸福成长有好处也有坏处。例如，如果一个孩子有欺凌弱小的父母，他的大脑就会适应生活在一个被欺凌的世界里，大脑结构和大脑化学系统发生各种变化，可能会引发大脑中的爬行动物脑区域过度的警惕性、攻击性或恐惧反应，或是更强的攻击/防御冲动。相反，情绪响应式的育儿方式可以在孩子的大脑中形成重要的联系，使他能够在以后的生活中有效应对压力、形成良好关系、控制住愤怒、善良并富有同情心、拥有追逐梦想的意愿和动力、体验内心深处的平静、享受和平的爱意。所以，你倾听孩子的想法，和他一起玩耍、拥抱他、安慰他，当他的行为具有挑战性时选择合理的方式对待他，这些都具有非常重要的意义。

建立更高级的人类功能

婴儿大脑的大部分都是在出生之后（而不是出生之前）发育的，所以它很容易被亲子之间的消极和积极互动所影响。在出生时，婴儿的高位脑（见第18页）远未发育完成，以至于新生儿通常被人们称为“体外胎儿”（见第40页）。在婴儿出生时，他们的高位脑中大约有2000亿个脑细胞，但这些细胞之间的连接很少——它们尚未“在线”。其中一些连接将在很大程度上影响孩子的情商和社交商，而正是由于这些连接的存在，你才会产生如此巨大的影响力。

良好的育儿方式对孩子的高位脑发育有显著影响。由于额叶的最佳发育依赖于良好的人际关系经验，它通常被称为“社交器官”。拥有良好的人际关系，可以促进额叶功能的完善，帮助孩子发育情商和社交商，以及学习、专注、反思、计划、控制冲动或逃跑的能力，同情他人的能力，在压力下保持稳定并解决问题的能力。

大脑警报系统

由于孩子的高位脑在出生时尚未发育完全，此时，已经形成的低位脑负责掌控全局。婴儿和幼童会出现本能的情绪爆发，这只是因为有什么触发了他们低位脑中的警报系统。孩子的大脑中充满了压力激素，让他们认为周围存在着可怕的威胁，使他们大哭不已。婴儿无法让自己平静下来，因为他们的额叶内的大部分细胞还没有相互连接。

低位脑有许多警报系统，特别是边缘系统的杏仁核、中脑的导水管周围灰质（PAG）以及脑干的蓝斑核（见第19页）。杏仁核的主要功能之一是理解发生在自己身上的每一件事的情绪含义。如果它感到有什么威胁，就会与大脑中被称为“下丘脑”（见第45页）的结构进行连接，这一结构负责释放压力激素，让身体为战斗或逃跑做好准备。对于一个年幼的孩子来说，“可怕的威胁”可能是他的玩偶掉了，你把烤豆子放得离他盘子里的火腿太近了，或是你把他放到了汽车儿童座椅上！之所以会发生这些“过度反应”，是因为他无法通过思考让自己的杏仁核冷静下来，再加上他没有多年的生活经验让自己知道所担心的都是些小事。就他的大脑发育阶段而言，这种情绪爆发并不是他在淘气。因此，永远不要在孩子这样做的时候惩罚他；相反，我们应该安抚他、理解他。

思考

在注重情绪的育儿方式下，孩子大脑中额叶的各部分可以发育得很好，但在其他类型的育儿方式下，额叶可能发育不全。

- 眶额叶皮质：在有效管理强烈情绪和抑制来自低位脑的原始冲动方面发挥着关键作用。它还有助于孩子对他人敏感地做出反应，并理解他人的情绪和社交暗示。
- 背外侧前额叶皮质：与我们思考、计划、反思和做出选择的能力有关。
- 腹内侧前额叶皮质：涉及孩子思考情绪经验的能力，并在低位脑进入警报状态时使其平静下来。
- 前扣带回：帮助我们集中注意力并调整想法，从而形成自我意识。

“我爱我的妈妈”

有一股令人惊叹的情绪能量和信息会从你的大脑流向孩子的大脑，从你的身体流向孩子的身体。在孩子的生活中扮演重要角色的其他成年人也可以促使这些发生。你的情绪状态和额叶中正在发生的事，将对孩子大脑中的关键情绪系统和身体中的关键唤醒系统产生直接且强大的影响。

你是孩子的情绪调节器

当孩子大脑中的警报系统被触发时，你就是他的终极救生索，帮助他调节情绪唤醒和身体唤醒状态（自主神经系统，见第25～28页）。他根本无法独自处理这种状态。如果他的哭泣没有得到回应，他最终会停止哭泣，但这是一种充满绝望的停止，在心理学中被称为“解离”（战斗、逃跑、僵持），这与平静感觉完全不同。婴儿像这样安静和沉默下来的时候，通常会产生比哭泣时更高的压力激素水平。由于不了解这一点，很多父母仍然在使用“哭喊睡眠训练”和其他类似的诱发压力的干预措施（参见第二章，第38～65页）。

情绪响应式的育儿方式将使你的孩子在大脑中建立有效的压力调节系统。安抚孩子的痛苦，他的特定的大脑通路可以形成，从而自然而然地舒缓压力。大量的研究表明，大脑内缺乏有效的压力调节系统是当今社会中精神疾病和大部分暴力行为的核心原因。吸毒、酗酒、性成瘾、自残、饮食失调和吸烟都是试图改变大脑中痛苦化学状态的绝望尝试。脑部扫描显示，像婴儿和幼童一样，暴力的成年人仍然受到低位脑中对愤怒/恐惧、防御/攻击反应的驱使。

帮助孩子处理压力

你不能把孩子从生活中不可避免的痛苦遭遇中拯救出来，但通过养育，你可以在他的大脑中牢固地建立有效的压力调节系统和抗焦虑的化学系统，从而对他的生活质量产生显著影响。持续的情绪调节很有挑战性，但会带来巨大的回报。如果你有2个或2个以上不到5岁的孩子，你会发现满足孩子的每一个需求有时让人束手无策；一个年幼的孩子每隔20秒就有情绪调节需求，从4岁开始，这些需求就会显著减少。在此期间，你肯定需要休息一下，并让其他有意愿提供帮助的成年人充当孩子的情绪调节器。因此，把这些工作放在早期，让孩子拥有良好的处理压力的能力，是你给孩子最好的礼物。这是孩子提升适应力和在人际关系中茁壮成长的核心。

孩子的身体也由你掌控

身体内也有压力调节系统——自主神经系统（ANS），也被称为“身体唤醒系统”；顾名思义，它是自发起作用的。同样，具有情绪调节的育儿方式有助于孩子发展平衡的自主神经系统，进而影响或规避他一生中的健康问题，甚至影响寿命。研究表明，当孩子经受压力和痛苦时，你对其进行安抚的同时，也在调

“我觉得很伤心”

心烦、沮丧的孩子需要你的共情、安慰和身体安抚，才能让他失调的身体和大脑系统恢复平衡。因为孩子的高位脑还没有完善，他的低位脑仍处于主导地位。

节他的自主神经系统，从而积极地影响他的消化系统、排泄系统、体温控制、呼吸和心率，并强化他的免疫系统。

父母往往在不知情的情况下进入诱导压力而非缓解压力的育儿模式，这时孩子的自主神经系统就会失去平衡（被虐待或忽视的儿童也会一样），进而导致心率高达每分钟140次。这些孩子可能还会出现体重超重、胃肠道疾病、哮喘等呼吸问题、偏头痛、湿疹等皮肤问题，还有可能出现免疫系统缺陷。

自主神经系统有两个分支：交感神经和副交感神经。在心理健康良好的状态下，交感神经分支的神经网络会激活肾上腺素和去甲肾上腺素达到最佳水平，让你感到专注和清醒。但在压力状态下，或者当你感到威胁和孤独时，它会释放出更高水平的肾上腺素和去甲肾上腺素，从而引发“战斗”（愤怒地大发雷霆）、“逃跑”（想要逃避）或“僵持”（情绪麻木、沉默）的反应。生理上，包括心跳加快、高血压、出汗过多和心悸。在持续的压力和焦虑的情况下，肾上腺素和去甲肾上腺素会继续产生，并可能引发高血压、头痛和其他影响身心健康的症状。

副交感神经分支是一种使身体放松的神经网络。在心理健康良好的状态下，副交感神经分支通常被称为自主神经系统的“休息和恢复”分支，当你没有生活在危险的环境中时，副交感神经分支通过释放一种名为乙酰胆碱的神经化学物质来帮助你感到安全和放松，乙酰胆碱可以减缓心率。这一过程涉及的关键神经称为“迷走神经”。迷走的意思是“流浪”。当迷走神经在心理健康良好的状态下被激活时，它会在所有影响心率、呼吸和消化的主要器官周围“游荡”，并支持它们的最佳功能。它可以促进情绪调节和保持身心平静。迷走神经的有效功能也被称为“良好的迷走神经张力”。

当自主神经系统的两个分支都能很好地协同工作时，你会感到既平静又警觉（这是一种美妙的身体和精神状态）。想象有一只睡在火炉旁的猫，它迅速扑向一只苍蝇（交感神经被唤醒——上升），随后又在火炉前迅速恢复平静状态（副交感神经被唤醒——下降）。这是一个自主神经系统完美平衡的例子。在人类身上，这就是心理力量。在精神疾病中，患者的迷走神经张力不正常，交感神经过度兴奋，这会让患者感到烦躁、焦虑和紧张。迷走神经张力不正常的人很难与人相处。

试试——让孩子兴奋起来

在帮助你的孩子在大脑中建立有效的压力调节系统的过程中，孩子除了体验痛苦的情绪，他也需要深刻体验快乐的情绪，因为快乐也是一种压力很大的高唤醒状态。所以，用你自己的热情来满足他吧。如果孩子在快乐“压力”中没有得到帮助，他可能会在以后的生活中害怕身体产生的兴奋感。

自主神经系统的交感神经分支在孩子出生时发育相对良好，很容易被轻微的压力源触发。副交感神经分支在孩子出生时发育较少，这就是婴儿在出生的头几个月会一直哭闹，需要反复安抚的部分原因。

父母如何影响孩子的自主神经系统

大部分（80%）迷走神经纤维进入大脑，使杏仁核平静下来（见第19页）。当父母始终拥有同理心地倾听孩子的意见时，会很好地调节孩子的迷走神经，从而调节他的生理系统能更好地做到对他人感同身受，在面对压力的时候可以更多地产生积极情绪、增加社会联系，进行正向的情绪调节。这样的孩子会与其他人相处得非常愉快，因为他们冷静而警觉，是让人信任的伙伴。

“爸爸，快看这个”

在孩子出生的头2年，额叶有一个主要的生长突发期。这一时期是建立支持学习和语言发展的大脑通路的大好时机，也是在大脑中建立抗焦虑化学系统的绝佳机会。

另一方面，诱导压力的育儿方式会导致迷走神经紧张。研究表明，母亲越不敏感，就越不会迅速对婴儿的情绪暗示和交流做出反应，这与副交感神经激活较少和交感神经激活较多有关。因此，在这样的母亲身边的婴儿往往情绪激动、焦虑和不安，有些婴儿还会陷入愤怒，其实改变育儿方式就能让他们平静下来。这些孩子经常被诊断为多动症（见第195～196页），这是一种严重的不公正。

小时候缺乏情绪调节

直到最近，人们才知道共情回应在建立有效的大脑压力调节系统方面对孩子来说有多重要，而我们很多人在孩提时代从来没有收到过这样的回应。我们会得到一句恼怒的回应“别乱想了”，或是干脆被忽视。

作为一个成年人，我该怎么做？如果你受到压力、焦虑或抑郁的困扰，在大脑中建立有效的压力调节系统永远不会太晚。最好的办法就是通过心理治疗或咨询，获取你在孩提时代从未有过的压力调节。有了医生反复调整你的情绪反应，就有可能在你的额叶建立起这个重要的系统。

孩子的大脑化学系统

我们既可能成为非常好的人，也可能成为很糟糕的人，大脑让这二者皆有可能。在低位脑深处的边缘系统可以引发强烈的情绪——既有强烈的爱，也有强烈的恨。这个系统的一部分会引发强烈的恐惧、仇恨或愤怒，而另一部分则会触发美好的温暖、同情和慷慨。大脑的这一部分激发了最惊人的勇气和善良行为，以及最可怕的残忍行为。40年来，著名的神经学家雅克·潘克塞普教授一直在研究边缘系统中

思考

可能导致过度压力反应的童年事件，包括：

- 母体产前应激/产后抑郁（见第278～280页）。
- 早期生活压力。
- HPA轴紊乱（见第42页）。
- 父母有长期压力未得到缓解。
- 父母关系破裂/离异。
- 引发压力的育儿方式和亲子关系（冒犯的、不协调的、情感疏远的、愤怒和恐惧的……）。

的警报系统和幸福系统。他的发现已被人们接受，并深受推崇。他在边缘系统中发现了七类遗传性基本情绪系统，每一类都具有特定的大脑化学特征，这包括三类会触发高水平压力激素的警报系统（愤怒、恐惧和惊慌/悲伤系统）、三类会触发阿片类幸福化学物质的幸福系统（关怀、探索和游戏系统，也被称为“亲社会系统”），一类欲望系统（不是本书讨论的内容）。

就像肌肉一样，那些经常被激活的系统更容易成为我们人格的一部分。当然，我们都希望被激活的是幸福系统，而不是警报系统。在本书中，我将反复回顾这些系统，让作为家长的你能够改变孩子大脑中的愤怒、恐惧和惊慌/悲伤系统，并强化他的亲社会系统。一些育儿方式（例如：经常责骂或批评孩子，父母经常意见不一，父母给孩子带来早期的分离创伤）将会反复激活孩子的愤怒、恐惧和惊慌/悲伤系统。这些系统会触发压力激素，让孩子最终表现得像受惊或愤怒的动物，或是变得孤僻或抑郁。相比之下，另一些育儿方式可以反复激活孩子的关怀、探索和游戏系统，这些系统会触发亲社会化学物质。好消息是，改变家庭文化，让亲社会系统成为主导系统，永远不会太迟。在未激活的情况下，这些友善系统会处于休眠状态，等待别人叫醒它们。

案例——愤怒的年轻人

卡尔是一个非常焦虑和愤怒的人，因为他的母亲在他小时候不知道他需要大量的抚慰、安慰和帮助来缓解他低位脑的愤怒、恐惧和惊慌/悲伤系统，以使他的额叶良好发育。因此，卡尔从未在额叶建立起重要的连接，也未能正常发育社交商和情商，无法在压力下让自己平静下来。卡尔在婴儿期常独自哭泣，之后，当他调皮或喊叫时，他的母亲便会揍他。卡尔5岁时，他的父亲离开了这个家，卡尔低位脑的愤怒系统和惊慌/悲伤系统没有得到缓解。在这样的成长环境下，卡尔成为一个不幸而痛苦的人。

然而，像卡尔的母亲这样的家长并不是故意表现得这么残酷，他们只是不知道他们的行为和育儿方法可能带来的长期影响。

思考

神经科学研究发现，一些最常见的导致压力的育儿方式是：

- 睡眠训练——婴儿在第三天停止哭泣，但他的皮质醇水平仍然很高（父母认为婴儿安静下来是好的）。
- 把孩子留在托儿所——如果没有父母的陪伴，孩子的皮质醇水平会飙升并保持高位。
- 对孩子发脾气的处理不当——忽视或惩罚孩子，而不是调节他的情绪。
- 不维护，反而愤怒地管教孩子。
- 愤怒地对婴儿说话——与那些在早期没有经历过愤怒反应的婴儿相比，有过这类经历的婴儿在5～6岁时的血压更高。
- 分离惩罚——导致孩子激动，同时他的肾上腺应激激素大量释放。

当孩子的低位脑触发任何警报系统（愤怒、恐惧或惊慌/悲伤系统）时，除非有成年人帮助他冷静下来，否则他将处于情绪痛苦和身体高度唤醒状态。这是因为当其中一个警报系统被触发时，神经化学物质和激素就会被激活，这可能会压垮孩子的身心。

幸福系统则是体现一些人类最美好的能力的遗传系统：亲切、创意、玩耍、温柔、善良和对他人的关怀。这些潜力是否能够表现出来，在很大程度上取决于你的育儿方式。幸福系统可以触发一些关键的阿片类化学物质。如果我们的育儿方式可以反复激活孩子大脑中的这些幸福化学物质，它们将逐渐成为孩子人格的一部分，而大脑也将适应这类镇静化学物质（阿片类物质通常与催产素、催乳素一起作用）的最佳水平。因此，神经学家认为“情绪状态将成为人格特征”，或简称为“状态成为特征”。当这些化学物质在大脑中占据主导地位时，你对整个世界的感觉都会改变。我们再也不想打架，也不会感到焦虑，因为这些化学物质是抗焦虑和抗侵略的化学分子。在童年时期的大脑中建立这些化学物质的最佳水平，是我们所说的适应力的重要组成部分。因此，神经学家将这些化学物质称为“大自然赐予我们的礼物”。

关怀、探索和游戏系统

那么，哪些育儿方式会触发孩子的关怀、探索和游戏系统呢？

- **关怀系统**：能让孩子感到安全的情绪反应（不是那种突然变化的，前一分钟还在叫骂，后一分钟又在安抚孩子）是：当自己做错时能和孩子说对不起，能持续抚慰孩子的痛苦，能帮助孩子调节包括愤怒在内的所有情绪（参见第四章，第86～111页）。以不会羞辱或吓到孩子的方式进行管教，并酌情以维护尊严的方式给予惩罚（参见第十一章，第252～273页）。
- **探索系统**：塑造充满活力的生活方式——“大胆去做”的态度。父母通过陪玩来向孩子展示探索欲、好奇心和创造力，并知道如何防止压力激素影响孩子的大脑系统（参见第五章，第112～129页）。
- **游戏系统**：父母和孩子之间反复进行游戏互动，特别是身体游戏和依恋游戏（参见第四章，第86～111页；第八章，第174～203页）。

警报系统

诱发压力的育儿方式会持续激活孩子大脑中的愤怒、恐惧和惊慌/悲伤系统，直到焦虑、好斗或抑郁的情绪状态成为人格特征。通过这些系统触发的关键化学物质包括皮质醇和促肾上腺皮质激素释放因子（CRF），如果将这些物质高浓度注入动物的大脑中，这些动物就会变得抑郁、焦虑、好斗。婴儿大脑对压力具有适应性的假说导致数百万儿童未能发挥他们的潜力。

愤怒、恐惧和惊慌/悲伤系统

那么，哪些育儿方式会触发孩子的愤怒、恐惧和惊慌/悲伤系统呢？任何育儿方式都有可能导致孩子处于持久的压力状态。对于敏感的父母来说，当发生以下情况时，他们很容易听出来：孩子尖叫或哭泣的音调会变得更高、更痛苦，此时如果没有人理睬他的哭声，就会陷入可怕的寂静。这可能发生在某些睡眠训练、哭泣控制或父母之间的言语攻击中。研究表明，即使父母之间的关系只是轻微紧张，或是家庭成员之间缺乏沟通，也会导致孩子的小脑发育得较小，这是因为情绪压力造成小脑细胞死亡；经常喊叫还会损害孩子大脑的听觉处理区域。如果母亲无法在情绪上为孩子提供足够的帮助（因为抑郁），并且在她能够振作起来帮助孩子之前，找不到别人调节孩子的情绪，也会导致孩子压力过大。

思考

本书的研究基础不是关于虐待或忽视，而是常见的育儿实践和有压力的亲子互动产生的影响。我们都需要压力激素皮质醇——如果没有它，我们就会死！当皮质醇处于正常水平时，它可以帮助我们应对日常的正常压力。但皮质醇水平过高，持续时间过长，会对儿童发育中的大脑产生毒性，并会对脑细胞、大脑通路和器官产生不利影响。

当任何一个警报系统——愤怒、恐惧或恐慌/悲伤系统在儿童的低位脑中被触发，除非成年人帮助他们平静下来，否则他们将处于痛苦情绪和身体被高度唤醒的状态。一旦其中一个警报系统被触发，神经化学物质和激素就会被激活，这将会影响他们的身心健康。

心理健康问题和压力

一些类型的压力对人有好处，而一些压力则会损害身心，并导致心理健康问题。我们每天都会经历压力事件，它们是生活中不可或缺的一部分。短期压力不会损害健康，但长期未缓解的压力会损害健康。如果遇到令人非常震惊的事或经历了痛苦的事，杏仁核（大脑中的警报系统）会记录“有危险！”。杏仁核在婴儿时期是非常敏感的，所以触发警报的情况在婴儿身上经常发

案例——雅各布紧张的一天

当雅各布的妈妈试图把他放进婴儿车时，他正在尖叫。但是妈妈并没有在意他的尖叫，推着他径直走向游乐场。当雅各布抢夺另一个孩子的玩具时，他妈妈用“分离惩罚”的方法教育他，他尖叫了15分钟。当她让雅各布上床睡觉时，她用了“控制哭泣”的方法，雅各布尖叫了2小时。

跟许多父母一样，雅各布的妈妈没有意识到她正在对孩子的大脑进行编程，使其产生异常的压力反应（与焦虑和抑郁时激活的压力反应相同）。换言之，她正在雅各布的身体和大脑中创造一种新的常态，就是在压力事件结束很久后大脑开始分泌高水平的压力激素。

生。如果一个孩子在遇到压力事件时没有得到足够的安慰或安抚，这种警报就会持续激活下丘脑，下丘脑会释放一种名为促肾上腺皮质激素释放因子（CRF）的应激激素；进而触发垂体分泌另一种应激激素——促肾上腺皮质激素（ACTH），然后又会刺激肾上腺释放压力激素肾上腺素、去甲肾上腺素和皮质醇。这就是我们所说的下丘脑–垂体–肾上腺（HPA）轴已被激活。

好的压力

积极的压力指我们经历了一些激动人心的事，并受到最佳水平的神经化学物质（多巴胺、去甲肾上腺素和谷氨酸）推动。想想舞台表演或公开演讲，或者第一次带婴儿游泳，这些带来的都是好的压力。这种压力会激励你，帮助你更好地完成任务。

可以承受的压力

当一件不好的事发生时——也许是你害怕去医院、收到坏消息，或者你对某事感到羞耻——你大脑和身体的压力反应系统就会被触发。但是，因为有人在身边帮助你处理这些情绪——倾听、理解、移情——这些压力就是可以忍受的，大脑的警报系统已经平息，你的大脑或身体没有长期的负担。

也许孩子尖叫是因为他丢了玩具，如果你能及时安抚他、解决他的痛苦，他大脑中的高水平压力激素便可降到他能忍受的水平。当杏仁核平静下来，就不会触发HPA轴。

坏压力

当身边没有情绪稳定的成年人来安抚、安慰和保护，并帮助理解所发生的事时，儿童就会出现慢性未缓解的压力，他们将不得不独自应对威胁。“当孩子很小的时候，对周围发生的一切都会感觉非常直接和强烈——即使是饥饿感，孩子也很难忍受。”受到压力或挫折时，人的血压、心率、肌肉紧张和压力激素的释放都会增加。对于急性短期压力，在压力源结束后，身体和大脑会恢复正常。一件或多件没有人提供帮助的痛苦生活事件导致的长期压力才是慢性压力。

婴儿的感觉是可以恢复的?

恰恰相反。人生第一年是一个极其敏感的机会窗口，同时又非常脆弱。有充分的证据表明，在早期，与情绪生理反应相关的基因表达的变化与压力相关，那些感受平静和放松的关键基因可能因为压力被关闭（以后可以逆转），一些神经细胞可以移动到正确的位置，这一过程被称为“迁移”。迁移受到压力的影响，一些迁移会在整个儿童时期持续进行。

恐惧成为常态

如果情绪上的痛苦持续下去，孩子得不到他真正信任、有同情心和理解力的成年人的安慰，他的HPA轴就会不断分泌压力激素。随着时间的推移，HPA轴将被设置为高唤醒状态。这种过度活跃的HPA轴会让孩子在非常安全时也有威胁感，这会导致一系列问题。例如，会导致恐慌发作、社交恐惧症、慢性焦虑、自身免疫疾病、偏头痛和抑郁症。皮质醇水平过高就会产生威胁感和危险感，即便是轻微的压力，也会让人臆想为重大的紧急情况。

大量研究证据表明，压力调节无效会对身心健康产生影响：会严重影响内分泌、免疫和自主神经系统（见第46～47页）。过度活跃的HPA轴是大多数心理健康问题的压力特征，尤其是抑

思考

如果孩子在童年时期处于高压力状态，他的HPA轴的功能会受到破坏，并增加许多身心健康的负面风险，包括焦虑、抑郁、饮食失调和冲动性攻击。当他长成青少年时，如果压力调节无效，他将无法忍受心理痛苦，可能会自残、吸毒、酗酒。研究表明，自残的首要原因是试图以此调节情绪，因为它会减少杏仁核的活动。

郁和焦虑。长期升高的压力激素水平也会阻断催产素和阿片类物质（抗焦虑和抗攻击性化学物质——让我们感觉“世界上一切都好”的神经化学物质）释放。有时，它们还会阻断多巴胺，这是影响社交的神经化学关键物质。如果你在某种情况下感到心理危险（比如，害怕被狮子追赶），你不希望大脑中释放出幸福神经化学物质进行干扰，这是有道理的。但多巴胺阻断（抑郁症也会发生这种情况）会导致人缺乏动力、意志、欲望、热情和好奇心，这不是健康的生活状态。

触发正确的系统

你的育儿方式可以强化孩子大脑中的亲社会系统，而且什么时候开始都不会太晚！本书介绍了一些不会触发孩子警报系统的育儿方法。如果你与孩子的相处方式能够持续触发幸福系统，你的孩子很可能会成长为热情、有同理心、热爱学习的人。

要点

• 低位脑深处包含原始的情绪警报系统，如果育儿方式中缺乏情感回应，孩子的高位脑很容易被这些系统“劫持”，使其处于高压状态。

• 婴儿的大脑面对压力不能自行舒缓。如果让你的孩子处于高压状态并且得不到安慰，可能会导致心理健康问题，所以你要尽可能地减轻他的压力。

• 你对孩子的持续安慰和安抚会使他的大脑中形成有效的压力调节系统，这被证明是孩子在青少年时期和成年时期拥有良好心理状态的关键。

• 帮助孩子培养他的“大”情绪，避免将来出现压力和过度反应的问题，这非常重要。

第二章

哭泣与分离

多年来，有很多人主张让婴儿和幼童独自哭泣。他们告诉母亲们，她们的宝宝只是在“锻炼肺”，而不断抱起哭泣的宝宝则会“宠坏他”。最近一段时间，哭泣训练还被用来训练婴儿入睡，并培养明确的就寝时间习惯。如果父母不作回应，没有得到安抚的孩子最终会停止哭泣，但这是要付出实际代价的。在这一章中，我们将围绕相关研究，揭示持久哭泣和分离带来的压力将如何影响婴儿发育中的大脑。我们还将探讨当你不断安慰哭泣的宝宝时，你可能得到的重要长期回报。

婴儿为何哭泣?

婴儿在痛苦时本能地想要得到安慰。哭泣是宝宝在强烈要求你帮助他克服压迫性的感觉和可怕的身体知觉，因为他的大脑还没有发育到足以让自己处理这些事。婴儿哭泣不是为了锻炼他的肺，不是为了控制你，也不是无理取闹。当他不高兴的时候，他会哭泣，提醒你有些事（无论是身体上还是情感上）在困扰着他，他在呼唤你的帮助。

脆弱的新生儿

400万年前，人类第一次开始用两条腿走路。这使得他们可以解放双手来完成复杂的任务。随着时间的推移，他们的智商也随之提高。双腿行走的模式意味着人类的骨盆变得更窄，而随着智力的增加，大脑变得更大。因此，在分娩这个问题上，人类在进化中得出的解决方案是让婴儿以发育未完全的状态出生，否则他们巨大的头部将无法穿过母亲狭窄的骨盆。在所有哺乳动物中，人类在出生时是最不成熟的。事实上，它必须在子宫外部完成孕育。西格蒙德·弗洛伊德（Sigmund Freud）说得没错，人类婴儿出生在这个世界上时“尚未完工”。你需要把新生儿想象成一个“体外胎儿”。

理解婴儿的哭声

是啊，他们就是那么原始、敏感，又容易受到压力的影响。

你的宝宝会因为很多原因哭泣。累了、饿了，或是过度兴奋，这些都会让他哭泣。他也很容易陷入对威胁和震惊的恐惧中——太明亮、太刺眼、太冷、太热、太突然。低位脑的杏仁核

（见第19页）作为潜在威胁的探测器，在婴儿出生时就已经形成。想象一下婴儿的世界：他怎么知道吵闹的榨汁机不是来攻击他的捕食者？当你把他放进浴缸时，他应该如何应对脱掉衣服浸入水中的震惊？虽然一开始，你很难弄明白他为什么哭泣。但随着时间的推移，你将会越来越准确地理解他的哭声。例如，你可以区分饥饿的哭声和疲惫的哭声。不过，有些时候你还是不知道他为什么会哭。但这并不重要，重要的是你要让他平静下来，你的头脑中有足够的精神和情感空间来倾听和认真对待他的恐慌和痛苦。

这种情况往往在婴儿出生后的头3个月最糟糕。这种哭泣通常在婴儿3～6周时达到顶峰，然后在12～16周逐渐减弱。因为到那时，他们就不再因为无聊或沮丧而哭泣了。

大一点的婴儿，他们会对分离感到惊慌失措，越来越清楚自己喜欢和不喜欢的事、让他们感到害怕或不高兴的事。对于不会说话的孩子来说，哭泣通常意味着“不”。“不，我不想让你把我放下来，这让我害怕。”“不，别把我交给那个陌生人，我喜欢待在你的怀里。”这些恐慌反应意味着婴儿的大脑中正充斥着高水平的压力化学物质。这些化学物质本身并不危险，但正如我们即将介绍的，如果它们在婴儿的大脑中长时间地存在，让他们持久哭泣，没有人认真对待他们的恐慌并安慰他们，那就是另一回事了。无论睡眠训练书怎么说，与婴儿的痛苦保持距离，或是更糟糕的——对宝宝的哭声做出愤怒的回应（你时不时就会这样做），都是不合适的。

“帮我应对这个世界”

如果你多年来一直在抚慰孩子的焦虑，并认真对待他痛苦的哭泣，那么他的大脑中就可以建立起高效的压力反应系统。这些将使他能够在以后的生活中很好地应对压力。

持久哭泣

哭泣本身并不会影响孩子发育中的大脑，真正影响大脑的是持久且没有得到安抚的痛苦。因此，我并不主张父母在孩子的下嘴唇开始抖动或在短短几分钟的抗议性哭声（也许只是因为他拿不到他最喜欢的玩具）之后立刻赶到他的身边。任何敏感的人都能很快识别出什么是持久哭泣，这是一种绝望的呼救。孩子会不停地哭泣，直到他们筋疲力尽地睡着，或者在绝望地意识到救援不会到来时，最终停止哭泣。

如果婴儿经常这样哭，他大脑中关键压力反应系统HPA轴可能会变得过度活跃。来自世界各地的大量科学研究表明，幼年时期的压力会导致婴儿大脑发生持久的负面变化。过度敏感的压力反应系统意味着，婴儿在感知世界和发生在他们身上的事时，往往会受到威胁感和焦虑感的影响，即使一切都非常安全。

每个孩子都受到同样的影响吗？

科学对此没有确切的答案，因为每个孩子都是独一无二的。一些孩子可能会在以后的生活中患上轻度神经症，而另一些天生脆弱和遭遇额外生活压力的孩子，可能会在以后的生活中患上严重的焦虑症或抑郁症。

当早期生活压力对多巴胺和去甲肾上腺素水平产生不利影响时，会使孩子更难集中注意力，并会导致学习困难。阿片类物质的最佳水平（见第88～89页）对于减少恐惧和压力感至关重要，这就是为什么大脑中部分阿片类物质的失活会导致焦虑和抑郁。有些人认为婴儿不可能患抑郁症，但事实并非如此——对大脑的相关临床研究证实了学龄前儿童患抑郁症的风险。

思考

当婴儿被留在他的房间里哀号时：

- 高水平的毒性压力激素刺激着他的大脑。
- 大脑中的阿片类物质（促进幸福感的化学物质）被收回。
- 大脑和身体的压力反应系统可能会变得过于敏感而强大。
- 大脑中的痛觉回路被激活，就像他们受到身体伤害时一样。

婴儿会通过哭泣来操纵或控制父母吗？

有些父母可能在想，孩子是否在用哭声来操纵他们，特别是当他们听到一些好意的劝说，“别管他们，他们只是想控制你。你要是现在投降，以后会吃苦头的”之类的话。我们现在知道，这在神经生物学上是不准确的。要控制成年人，婴儿需要拥有清晰思考的能力，为此，他们需要大脑化学物质谷氨酸在额叶发挥良好作用（见第18页）。但在婴儿的大脑中谷氨酸系统还没有正常建立起来，这意味着他们没有能力思考太多事，更不用说如何操纵他们的父母了。一些父母感受不到孩子的痛苦，并认为这听起来“只不过是在哭”。这可能是他们自己成长经历的结果。因为当他们还是婴儿的时候没有得到回应，这使他们现在无法感受到孩子的悲伤。

婴儿的大脑里发生了什么？

随着婴儿哭泣过程中的痛苦程度逐渐增强，激素连锁反应开始启动。它开启于大脑下部的深度区域——下丘脑——人体的刺激控制器。

压力感知

下丘脑产生一种激素能触发附近的垂体释放促肾上腺皮质激素（见下页）。这反过来又会刺激肾上腺（就在肾脏上方）释放应激激素皮质醇，皮质醇会影响身体和大脑。这种应激反应系统被称为“下丘脑–垂体–肾上腺（HPA）轴”。痛苦的婴儿有着被高度激活的HPA轴，它能不断分泌皮质醇，安抚婴儿则会让HPA轴的开关关闭。脑部扫描显示，早期的压力会导致HPA轴永久性地处于高度激活状态。

循证研究

研究人员追踪研究了几组父母对4～10个月大的婴儿进行的睡眠训练（让他们大声哭出来）。第一天，母亲们和婴儿们的应激激素水平都非常高。听到婴儿的痛哭，母亲们情绪激动。但到了第三天，大多数婴儿停止了哭泣。高兴的母亲们感到如释重负，认为睡眠训练奏效了，她们的压力激素水平下降了。问题是，婴儿清楚地意识到他们的哭泣是没有希望的，于是停止了哭泣。可怕的是，他们的应激激素水平仍然居高不下。他们在1岁之前就学会了压抑自己的感情——没有人来，哭是没有意义的。

正如本书所讲，压抑情绪和由此产生的慢性未缓解压力是威胁健康的。有成千上万的研究表明，早期生活中的痛苦将对人的心理和身体健康产生持续的严重影响。

大脑对压力的反应

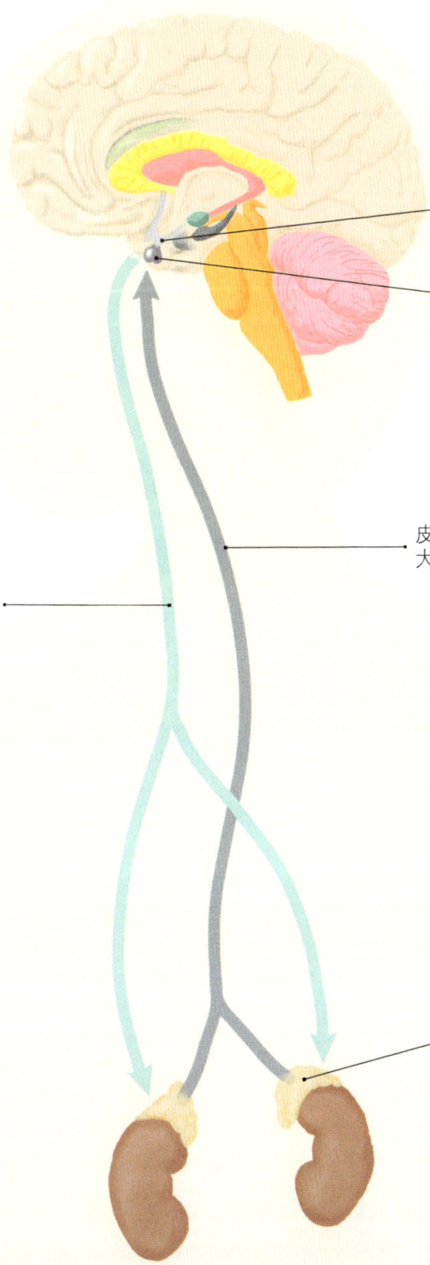
下丘脑
下丘脑产生一种叫作促肾上腺皮质激素释放因子（CRF）的激素，它控制着垂体的活动。当孩子经历持久的不安和痛苦时，这种激素就会被释放出来。
垂体
大脑中这个豌豆大小的腺体全面控制着我们体内一些最重要的激素。当受到CRF的刺激时，垂体会释放促肾上腺皮质激素（ACTH），这种激素会进入肾上腺。
皮质醇流经身体和大脑。
促肾上腺皮质激素（ACTH）由垂体释放。
肾上腺
每个人都有两个肾上腺，位于每个肾脏的顶部。当它们受到ACTH的刺激时，会产生皮质醇。短期内，皮质醇可以通过提高血液中的葡萄糖水平来帮助我们应对压力。但如果皮质醇水平长期处于高位，大脑关键部位的细胞可能会死亡。

科学安慰

在剧烈哭泣的压力下，为了自动调节身体的内部运作，宝宝的自主神经系统会失去平衡，其结果将导致身体和情感出现剧烈变化。一个年幼的孩子无法控制他的自主神经系统，但你的爱和安慰可以。

当孩子哭泣时会发生什么?

当你的孩子以强烈而绝望的方式哭泣时，他的自主神经系统（出生后仍在成长）会失去平衡。当他感到痛苦时，这个系统中被唤醒的（交感）分支过度活跃，而平静且集中的（副交感）分支则不够活跃。这意味着当释放出高水平的肾上腺素时，宝宝的身体会为“战斗或逃跑”做好准备。他正在经历心率加速、血压升高、出汗、肌肉紧张、呼吸加快和食欲受抑（因为消化系统正在储存血液和能量，为肌肉做好行动准备）。他需要靠你来恢复平衡。

你的安慰可以激活迷走神经（见下页），这条神经属于自主

思考

大脑中有一种关键的抗焦虑化学物质，称为“Y-氨基丁酸（GABA）”，它可以抑制高水平的皮质醇（见第45页），并平息低位脑的危险检测系统（杏仁核）。研究表明，如果哺乳动物幼崽被单独留下或处于长期痛苦状态，可能会对它大脑中GABA的基因表达产生显著影响。这会改变其大脑对压力的敏感性，使其充满焦虑感。从长远来看，GABA的基因表达改变可能导致焦虑症和抑郁症。如果没有有效的抗焦虑化学系统，人类可能会：

- 心理脆弱。
- 更容易焦虑或愤怒以及反复愤怒。
- 更难让自己平静下来。
- 更容易受到轻微压力的影响。

来自童年时期过多的不适痛苦造成GABA的基因表达改变，可能会导致成年人倾向使用酒精缓解压力，因为这样可以人为地调节大脑的GABA释放。

思考

安慰尖叫的孩子可以激活起源于脑干的迷走神经（见第27页）。当你的安抚起作用时，迷走神经将迅速恢复被痛苦扰乱的关键身体系统秩序，重新平衡消化系统、心率、呼吸和免疫系统的功能。你能给孩子的最佳礼物之一就是帮助他搭建良好的迷走神经张力，也就是让迷走神经发挥良好的镇静和调节功能。

研究表明，良好的迷走神经张力与更好的情绪平衡、清晰的思维、更好的注意力和更有效的免疫系统，更少生病和感冒有关。迷走神经张力良好的人总是让身边的人感觉愉快。

神经系统的副交感分支。你给出的情绪反应和安慰越多，你对孩子的自主神经系统的调节能力就越强，效果就越持久。

过度兴奋的危险

当你安抚处在痛苦中的孩子时，你正在调节他的自主神经系统。研究表明，如果孩子对安慰的需求得不到回应和抚慰，随着时间的推移，自主神经系统可能会导致身体过度兴奋，这可能使他的身体疲惫不堪并且充满压力，还可能在长大后诱发各种身体疾病，如呼吸问题（如哮喘）、心脏病、饮食和消化障碍、睡眠不佳、高血压、惊恐发作、肌肉紧张、头痛和慢性疲劳。还有大量研究材料（称为“脑肠轴研究”）将人类幼年的压力与后来的肠易激综合征联系起来。在一项调查中，早期经历过生活压力的人中，只有不到50%的男性和30%的女性有规律的排便习惯。

许多父母根本没有意识到孩子的自主神经系统在出生后仍在发育，而且它对压力过大的经历非常敏感，比如独自哭泣。孩子无法让自己的自主神经系统恢复平衡，只有你能做到。

如何抚慰孩子？

为了激活孩子自主神经系统中的副交感分支，你需要先让自己平静下来。呼吸法很有用，你可以尝试做一些深呼吸，让你的整个系统平静下来，身体会向大脑发送信息，告诉它停止释放高水平的应激化学物质。如果你觉得这很难，可以尝试冥想。

如果你的孩子在哭泣中不需要喂食或换尿布，那么用你平静的身体靠近他就能安抚他。有时这种方法会立即奏效，有时需要花上一段时间。实际上，你是在用你成熟的自主神经系统来帮助调节他那非常不成熟的自主神经系统。

主要的安抚方式

我们可以用以下三种安抚法让婴儿的大脑中释放镇静化学物质催产素，从而将压力化学物质水平降至基础水平。

- **抚触按摩法**：大多数婴儿在被抱起来之后都会停止哭泣，亲密的身体接触可以调节他们的自主神经系统，激活副交感神经分支，并释放催产素。给宝宝做抚触按摩时手法要轻柔，并且要与宝宝有交流，这样可以增进亲子关系。
- **吮吸缓解法**：帮助孩子找到他想吮吸的拳头或拇指，你也可以把你的手指给他。如果孩子非常伤心，那么此时（而且仅在此时）你可以给他使用奶嘴。千万不要没事就用奶嘴，在孩子学会说话前，嘴巴对于交流和声音的形成非常重要，口腔探索（比如把玩具放进他的嘴里）也很关键。
- **模拟子宫法**：将室内温度保持在16℃～20℃，将宝宝紧紧抱在怀里或裹在柔软的婴儿被里，这种方式可以模拟子宫环境，并会引发催产素的释放。父母还可以试着给压力过大的婴儿泡个温水澡。

还可以尝试的其他策略

- **移动和摇晃**：婴儿喜欢有节奏的移动，特别是被抱着走、被推在婴儿车里，或是坐在汽车里。据说，这种节奏会让婴儿感觉像是待在安全的子宫里。不过，要确保你的摇晃力度不太大，大力摇晃可能会导致婴儿的大脑血管破裂。
- **低频音**：让你的孩子听一听洗衣机或烘干机的声音，因为这些声音会让他想起安全的子宫。你也可以播放你的心跳录音，但这通常只有在孩子出生后就开始使用的情况下才有效。
- **新奇的体验**：这会激活孩子大脑中的多巴胺。如果他因为无聊而尖叫，要想办法给他提供一些新鲜感。在你的包里放一些小玩具（比如手指木偶），这样孩子在旅途中就不会那么无聊了。像木偶一样以滑稽的声音说话对婴儿来说是非常好玩的。
- **避免过度刺激**：如果你认为孩子过度兴奋，带他去一个安静或光线较弱的房间，让他自己平静下来。

试试——婴儿抚触按摩

你可以从宝宝大约2周大的时候开始尝试抚触按摩。这是安抚他的好方法，也有助于加强你们之间的纽带。选择他醒着且你们双方都很放松的时候。

让你的宝宝躺在柔软的毛巾上，确保他温暖舒适。从头顶开始，轻轻按摩到脸颊，然后到肩膀，向下轻轻按摩他的身体。一边按摩一边与他交谈，并进行充满爱意的眼神交流。其间如果你的宝宝失去了兴趣，就立即停止，改天再试。

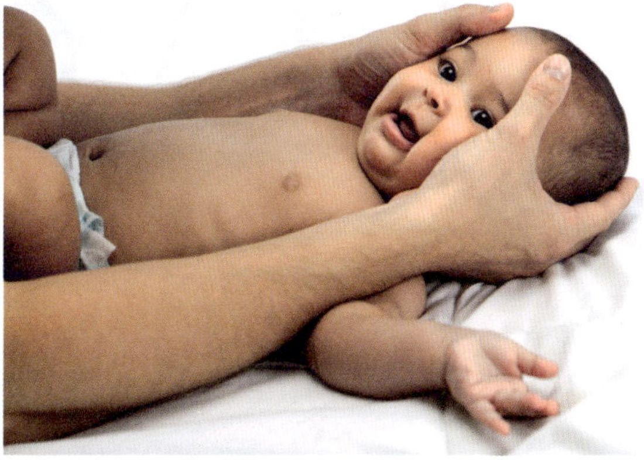

我什么都试过了，现在该怎么办？

即便尝试了所有方法，也总有无力和挫败的时候，也许改变思路能让你好受一些。

• 记住“这些终将会过去”。这一阶段通常只持续3个月，但许多疲惫的父母认为这是场终身监禁。

• 再坚持一段时间，牢记当你让孩子平静下来的时候，你是在为他准备一份长久的礼物。所有这些平静的时间都是对未来的投资，调节孩子的情绪和身体系统，意味着以后他有能力管理好压力。

• 向其他父母取经——你会发现他们也经历了这样困难的阶段，他们可以给你提供安慰和建议。

难以抚慰的婴儿

大约有五分之一的健康婴儿在出生后的几周内高度敏感。这些婴儿难以抚慰可能是因为基因构成、子宫内的压力、母体难产或产后抑郁造成的。创伤的表观遗传学代际转移也可能是原因之一。父母生活中未经处理的创伤带来的慢性压力会影响孩子大脑中基因（与感到平静和放松有关）的表达方式。科学家们认为，这些变化可以通过好的育儿方式来逆转。

研究表明，如果母亲在孕晚期反复遭遇压力，高水平的压力化学物质皮质醇和谷氨酸可以通过胎盘传递到未出生婴儿的大脑中。因此，母亲在怀孕期间尽可能多地获得抚慰是至关重要的。如果孩子出生后母亲的生活压力很大，这也会导致孩子经常哭泣。如果你有一个很难抚慰的宝宝，这意味着他需要更多的抚慰，为了满足他，你需要寻求家人和朋友的安慰与帮助。

避免被孤立

尽你所能，确保你在家里面对哭闹的婴儿的时候没有压力。把宝宝放在婴儿车里，去公园、咖啡馆或和其他父母一起参与集体活动。其他成年人会帮助你调节情绪，所以你也会更好地调节自己。孤立对大脑生化极其有害，它会导致血清素（一种关键的情绪稳定剂）水平急剧下降，使人产生攻击冲动。它还会降低多巴胺水平，所以你会对你的宝宝的尖叫感到痛苦。研究表明，孤独对健康的危害与每天抽15支烟一样大。

分离和短时分别

当你的宝宝长到6～8个月大的时候，就会出现分离焦虑，并且通常会以某种形式持续到5岁以上。早期阶段，只要你离开他的视线，他就会开始恐慌。请认真对待宝宝强烈的感情。你是他的世界、他的一切，你代表着他的安全。

相关解释

你的宝宝并不是“高需求”或“黏人”。基因决定了低位脑的惊慌/悲伤系统（见第18页）是高度敏感的。在进化的早期阶段，婴儿离开母亲是非常危险的，如果他们不通过哭泣提醒父母他们的存在，他们就无法存活下来。随着孩子的成长，高位脑的额叶发育会自然抑制这一系统，作为成年人，我们学会了通过认知干扰（比如看书或看电视）来进行控制。

“爸爸，你要去哪里？”

如果你不在孩子身边，他怎么知道你是不是永远离开了他？你无法告诉孩子你很快就会回来，因为孩子大脑中的语言中枢还没有形成。当他学会爬行和蹒跚行走时，你要允许他跟着你——是的，甚至跟你进厕所。把他从你身上甩开，把他关在儿童围栏里，这不仅非常残忍，而且还可能导致长期的不利影响。他可能会陷入恐慌，他大脑中的压力化学物质可能会急剧而危险地上升。这可能会导致恐惧系统过度活跃，影响他成年后的生活，使他患上恐惧症、强迫症或出现恐惧回避行为。渐渐长大后，孩子就会意识到在家里和你在一起非常安全，特别是他学会说话之后。他会知道，如果你去厕所，他之后还是能再见到你的！

“我不喜欢你去工作”

一个太小的孩子还不能理解为什么所爱之人不在身边，这对他来说非常痛苦。你不可能对一个想妈妈的孩子说：“别那么想！”但成年人经常会这样对小孩子说话。让一个痛苦的孩子远离他的父母，并告诉他“别傻了”时，我们完全低估了他大脑和身体中大量激素反应的力量。

一次真正痛苦的经历

相关研究表明，分离对孩子造成的伤害与身体受到的疼痛大致相同。当孩子因为父母不在身边而感到痛苦时，大脑中有关身体疼痛的相同区域会被激活。因此，分离在很大程度上就意味着疼痛。

有人认为安慰一个人身体上的疼痛（比如膝盖割伤）是合理的，但安慰情感上的痛苦（比如分离痛苦）似乎没有什么必要。然而，这种痛苦是一种神经生物学的事实，应该受到所有人的重视。可悲的是，许多父母并没有意识到孩子的情感痛苦是真实的，所以他们不知道用安慰身体疼痛的方式去安慰孩子情感上的痛苦。

过早过多

父母有时在孩子还没准备好时就强迫他们自立。也许是因为担心会对自己产生依赖，有些父母会在孩子很小的时候送他们上寄宿学校，8岁的孩子仍然会对分离痛苦非常敏感，很难长时间离开父母。

孩子的情绪痛苦应该得到认真对待，父母应该慎重决定和孩子分开多长时间、多久分开一次、孩子和谁在一起。大脑中的GABA（见第46页）对微妙的环境变化非常敏感，比如与父母的分离。有研究发现，早期亲子分离与抗焦虑系统的改变相关。

短期分离也会造成伤害

一些研究发现，即使是短期分离，当孩子被交给不熟悉的照顾者时，孩子大脑中的HPA轴也会发生长期变化。这一压力反应系统有助于我们在以后的生活中良地好管理压力，但它很容易受到幼年期压力的负面影响。还有一些研究发现，早期亲子分离与抑郁症相关。

对高等哺乳动物的研究表明，与母亲分开的幼崽在停止哭泣后会有抑郁反应，不再和朋友们玩游戏，不再关注周围环境里的事物；到临睡时，哭泣和烦躁情绪都有所增加。如果分离持续下去，它们就会变得更加孤僻，看起来无精打采，抑郁症状更加严重。

20世纪60年代的研究表明，一些孩子与陌生人待在一起几天后会完全进入丧亲反应状态，这让他们多年后饱受创伤。该研究中的孩子在他们的母亲住院期间被托付给好心的成年人照看，或是被留在幼儿园里几天。他们的父亲会去看望他们，但他们基本

思考

阿片类物质让人对亲密关系着迷。当你抱着你的孩子，关爱他、抚慰他、摇晃他，一次又一次地为他高兴，你们之间就会建立起一种非常牢固的联系。这种联系将促使孩子的大脑释放天然的阿片类物质和催产素，让孩子处于一种奇妙的满足状态。但随着与你分离，阿片类物质的戒断会让他非常痛苦。

上面对的都是不认识的成年人。

一位与母亲分开仅11天的小男孩，他不想吃饭、哭个不停，多次绝望地倒在地上。6年之后，他仍然很生母亲的气。研究人员看到，很多孩子已经离开了母亲好几天，但他们仍然处于无止境的思念状态。许多人会一直盯着母亲离开的那扇门，一盯就是几小时。他们不想玩，他们只想看着那扇门。这项研究被拍摄记录了下来，改变了全世界对婴幼儿和儿童到医院探望住院父母的态度。

适度的压力不是对孩子有好处吗？

有些人认为，让孩子感到不舒服（例如睡眠训练）可以让他们获得“压力免疫”，但压力免疫的前提是让孩子适应适度压力，以帮助他们更好地应对压力。例如，你第一次给婴儿洗澡，会先温柔地把他放进一个大浴缸里，他一开始会很害怕，但很快就会喜欢。如果有人说，孩子的长时间哭闹只是无害的适度压力，那就完全不科学了。

儿童保育问题

最近的大量研究表明，5岁之前去过幼儿园的孩子，他们的智商有所提高。可惜，这些积极的变化并没有延伸到心理健康和情商领域，甚至情况恰恰相反。

与压力有关的问题

皮质醇有天然的波峰和波谷分泌节律。它在早上时水平较高，随着时间推移而逐渐下降。然而，对5岁以下幼儿园儿童的研究表明，当他们被安置到其他人身边的时候，他们的皮质醇水平会随着时间推移上升，而不是下降。更重要的是，当这些孩子再次回到父母身边后，他们的压力水平就会急剧下降。在一项研究中，75%～100%的儿童在进入幼儿园时会出现皮质醇水平上升的情况。这项研究之所以令人担忧，是因为它说明了人类大脑中的关键压力反应系统可能在生命早期就变得非常敏感。

然而，研究人员发现，在幼儿园里经常和其他孩子一起玩的幼童，皮质醇水平比那些倾向于独自玩耍的孩子要低。研究还显示，如果允许父母一方或其他依恋对象留在幼儿园至少4天，孩子的压力激素水平不会发生太多令人担忧的变化。所以，请抽出几天时间陪同孩子适应幼儿园。

隐藏的压力

有些父母认为他们的孩子在幼儿园过得很好，但其实孩子的压力激素水平可能非常高。我们知道，有的孩子看起来还行，虽然没哭，但其实心里很难过。一项名为“陌生情景测试”的著名研究结果表明，当妈妈离开房间时，那些没有哭着要妈妈回来的

1岁孩子的压力激素水平与那些哭出来的孩子一样高。换句话说，有些孩子在很小的时候就学会了把自己的情感隐藏起来。这非常令人担忧，如果人们看不出年幼的孩子有什么不安，这些孩子很可能得不到他们所需要的安慰。

幼儿园儿童的皮质醇水平过高的后果正变得越来越明显。有证据表明，如果孩子在幼年期经常由幼儿园负责照顾，可能导致父母和孩子之间的不愉快增加，孩子更加好斗、不守规矩，这些情况在孩子2岁时开始显现。这种现象在那些年仅1岁就要每周待在幼儿园20多小时的孩子身上尤为明显。

“我不想待在这里”

即使是一个4岁的孩子，他在幼儿园也可能会因为皮质醇水平升高而痛苦。当你决定孩子每天应该在幼儿园待多长时间时，请记住这一点：理想的情况是，在你的孩子能够很好地理解时间概念之前，不要拖延时间，让他相信你会在幼儿园的课程结束时回来。幼童会觉得在幼儿园度过漫长的一天特别困难，因为他们没有时间观念，也不知道你什么时候回来，甚至你是否会回来。

有时我需要出差一周左右，从长远来看，这会对我的孩子产生什么影响？

这完全取决于你的孩子被托付给谁。如果你的孩子被托付给了一个他认识的、在情感上可以依靠的人（比如你的伴侣或家庭成员），那么你的孩子肯定会没事的。如果不是这样，那么有令人担忧的研究结果表明，如果孩子被留在不能为其提供情感支持的人身边，孩子的大脑中会产生高水平的压力激素。

情感关怀

我认为所有的幼儿园都应该有“情感保育员”，他们是一些情绪稳定、提供温暖的人。这些人的大脑中可以经常产生阿片类物质和催产素，可能是因为他们曾经接受过温暖的育儿方式，或是在成年后的生活中接受过良好的心理咨询或治疗。

在英国，学校对身体接触的恐惧态度（担心被指控性骚扰）对儿童造成了极大的伤害。我们迫切需要明确的、经过深思熟虑的身体接触政策，允许成年人以安全的方式安慰和拥抱年幼的孩子，以激活他们天然的镇静大脑的化学物质。

注重情感关系的保姆

你可以在白天把孩子留给一位友善的保姆，帮助你给予孩子温暖的一对一关注。但是，仅当孩子明显地表现出痛苦时才给予他这种关注是不够的。研究人员发现，当保姆在做其他事，并认为孩子一切都好（因为他没有哭）的时候，孩子的皮质醇水平会飙升。请选择一位爱孩子的保姆，她要有处理孩子快乐和悲伤的

案例——我在这里支持你

安娜不喜欢妈妈把她留在幼儿园然后去上班。尽管妈妈向她保证会回来接她，她还是哭了。

安娜的保育员乔安妮准备帮助她从痛苦中恢复过来。乔安妮迅速进入房间，把安娜抱在怀里，让她尽情地表达悲伤。

安娜不再哭泣后，开始感到安全，她的皮质醇水平下降，开始放松和玩耍。乔安妮和她在一起，以确保她保持快乐和满足。

能力，并且有耐心倾听孩子的想法，能以平等的方式与孩子聊聊天。面试时，请他和你的孩子一起玩游戏，然后你在旁边坐20分钟，观察他与孩子的互动、玩耍和交谈。他是否有良好的眼神交流和欢快的声音？他知道怎么玩吗？他是不是很热情？跟孩子玩耍的时候很投入，而不是安静地坐着玩平行游戏？他和孩子之间是否充满欢笑、喜悦和温暖？如果是这样，那么他很可能是阿片类物质和多巴胺的来源，这两种物质都对孩子的社交和情感大脑的发育非常有益。你的个人观察胜过其他的评论。

安全感

当你不在的时候，你的孩子需要待在熟悉的怀抱里。当孩子为“与妈妈分离”而悲伤时，把孩子交给不熟悉的照顾者，与交给让他感到平静、温暖、充满爱心、安全的人来照顾，结果是完全不同的。

如果你的孩子得不到爱，他大脑中高水平的压力激素就很有可能被激活。这些激素会让你的孩子感觉糟糕。如果在你离开时，你的孩子还在哭，把他抱到保姆的怀里。一位称职的保姆应该能够抚慰孩子的痛苦情绪，并放大积极情绪。拥抱和抚慰会降低孩子的皮质醇水平，并激活他大脑中更积极的化学物质。

患抑郁症的风险

研究表明，孩子经历过早期分离与未来患抑郁之间存在联系。患有分离焦虑的婴儿，其大脑中的警报反应与患有抑郁症的成年人相同——抑郁症在世界许多地区成了流行病。由于我们并不是与生俱来就有抑郁症基因，所以我们需要密切关注童年经历对压力的长期影响。

科学家对与父母分离的幼猴的大脑化学物质进行了大量研

究。研究人员哈里·哈洛（Harry Harlow）发现，失去母亲的幼猴会变得非常紧张和抑郁，许多幼猴长大后成了虐待和疏忽幼崽的母亲。在最糟糕的情况下，一些幼猴长大后没有养育自己的幼崽。

思考

当孩子的照护人能帮助孩子缓解分离焦虑时，孩子会感到安全。即使他玩得很开心、看起来也很好，父母也要像他在哭泣或难过时一样给予他关注。这样，当他与所爱之人分开时，温暖的、充满情感的互动和拥抱可以防止皮质醇水平上升。

孩子对依恋的需求

幼年哺乳动物在感到不安全的时候会紧紧依偎在它们觉得安全的成年动物身旁。一些人类父母不喜欢孩子黏在自己身上，但动物父母不会，它们的大脑不像我们人类的高级，正是这种高级让我们质疑是否应该阻止孩子这样做。

如果一个孩子依偎在你身旁，他就是在试图降低高水平的身体唤醒状态和高水平的压力化学物质，并且试图激活产生幸福感的大脑化学物质（见第88～89页）。没有你，他什么也做不到，因为你是他的安全神经化学基础。一个孩子黏在你身上不是因为他很淘气，也不是为了“寻求关注”，这说明他现在感到不安全，需要你的帮助。通过依偎着你，他试图改变他大脑中的情绪化学平衡，使之变得更平静、更积极。

相关研究的意义

研究表明，长到1岁左右，那些被母亲及时照看的哭泣中的婴儿，比那些独自哭泣的婴儿要哭得更少。尽管有些人认为孩子变得黏人是因为他被抱得太久，或是被太多的关注“宠坏了”，但没有证据表明孩子的焦虑型依恋是父母过度关爱或关注的结果。

如果父母不能很好地处理孩子的依恋需求，那么出现长期依恋的可能性要大得多。当孩子还处于本能的依恋发育阶段时，他们的父母可能想让他们变得更加独立（通常是在孩子觉得有必要依附父母的时候，而父母却会把他们推开）。

如果我的孩子在学校门口赖着我不走，我该怎么办？

当他尖叫着要你留下来的时候，千万不要匆忙离开。匆忙离开只会让情况变得更糟，因为这会让孩子的压力化学物质和压力激素疯狂飙升。

• 在你离开之前，紧紧抱住孩子，这样可以激活他大脑中的催产素和阿片类物质，让他感觉更平静。这也意味着他在“失去”你之前“找到”了你。当你离开时，在他的记忆中你是一个平静、安抚人心的母亲，而不是一个匆忙离开的母亲。

• 激活孩子的探索系统（见第32页），例如，向他展示沙坑，鼓励他开始探索。你也可以花点时间把他介绍给一位小朋友。

• 和一位孩子认识的、喜欢抱着他的、热情善良的老师聊一下，还可以通过分散注意力来激活他的额叶，例如给他看一只蝴蝶。你最好悄悄地溜走，并在你走之前给他的大脑带去至关重要的阿片类物质。

• 如果孩子在你离开时总是很难过，你可以给他一些可以让他想到你的东西，比如你的一条围巾，或者录下一条充满爱意的留言，老师可以播放留言来安慰他。

依恋的停止

父母常常担心，孩子在离别和道别时的悲伤永远不会结束。但有谁听说过，当父母说晚上要去看电影，一个青少年会哭起来?

随着孩子的成长，他们低位脑中与惊慌、悲伤等情绪相关的控制系统自然会变得不那么敏感，这在很大程度上是因为大脑的发育自然地抑制了这一系统。到了青春期，睾酮和雌激素的增加对此系统会产生更大的抑制作用。有些父母会说“如果我现在放纵他这样黏人，他就会一直这样黏下去”，对于孩子的身体和大脑发育而言，这是不准确的。

一些需要依恋的孩子如果没有得到情感回应，他们可能会进入一个独立状态的假象。一个极度需要关爱的孩子如果遭到拒绝或批评，或者被人说应当像个大孩子一样成熟一点，他会感到非常羞愧。作为一种缓解痛苦的方法，一些孩子会说：“我不需要妈妈！”从而让自己坚强起来，并进入对依恋需求的情感麻木状态。这会导致他们成年后遭遇各种人际关系痛苦与“折磨”的爱，以及对亲密关系的恐惧（见第四章，第86～111页）。

因此，当你有一个黏人的孩子时，记住，如果你以同情和抚慰的方式回应，你就是在对孩子的长期心理健康做出巨大的投资；记住，通过肢体接触，催产素会在孩子大脑中反复激活并产生长期的抗压效果；记住，对其他哺乳动物的研究表明，如果婴儿能获得充满爱意的抚摸，他们就能更好地应对压力，对生活的恐惧反应更小，心理上更强大，甚至成长得更好!

如果你的孩子每次想黏着你，你就把他抱起来，他就会开始觉得自己在这个世界上很安全。随着他的成长，他会自然而然地开始远离你，花费更多的时间去探索这个世界。他远离你而与朋友相处的时间越来越长。他知道你是一个安全的港湾，在再次离开你之前，他总是会回来补充情绪能量。

要点

• 父母可以通过训练摆脱安慰孩子的本能，孩子也可以通过训练摆脱哭泣的本能，但科学研究结果现在向我们展示了这样做的代价。

• 持久不安的哭泣会对大脑和身体的关键系统造成不利影响，导致孩子长大后易患抑郁症、焦虑症和其他身体与精神疾病。

• 让孩子独自哭泣会让他认为自己在需要帮助的时候被抛弃了。

• 在孩子还小的时候，父母应当仔细考虑分离的问题。在必要的时候，父母应该把孩子留给一个可以提供情感反馈、热情的成年人。

第三章

睡眠与就寝

是进行睡眠训练，还是陪睡？几十年来，这一直被激烈地探讨。本章将介绍关于孩子应该在哪里睡觉以及如何睡觉的最新科学研究成果，并涉及一些目前对婴儿猝死综合征（SIDS）的研究。希望这可以帮助父母对孩子的就寝时间和睡眠方式做出明智的选择。

哄睡

在睡觉前，你应该有着明确的目标：让你的孩子觉得他的世界非常完美。如果你成功了，你就可以防止压力性的化学物质在他的大脑中被激活，并让他在入睡时感到安全、有人在爱着他。有一些方式可以帮助你实现这一点，无论你选择陪睡还是让你的孩子睡在他自己的床上。

关于孩子和睡眠的事实

首先，婴儿是间歇性睡眠者。如果我们能接受这一点，那我们也许不会再将婴儿醒着视为父母的失败。对婴儿和幼儿睡眠模式的研究已经证实：

- 婴儿往往比成年人更容易醒来，他们的平均睡眠周期只有50分钟，而我们的睡眠周期是90分钟。
- 学龄前儿童出现持续或反复的睡眠问题非常常见。
- 大约25%的5岁以下儿童存在某种睡眠问题。
- 多达20%的父母表示，婴儿在出生后的头3个月有哭闹或易怒的问题。

在睡前镇静大脑

你在睡前应当帮助孩子激活镇静大脑的催产素和睡眠激素——褪黑素，让孩子摆脱超级警觉状态变得冷静。要做到这一点，你可以尝试建立让孩子感到舒适的日常生活规律。每当重复进行这些例行公事时，就可以激活他大脑中的催产素和褪黑素。

试试——日常调节

你的孩子高度依赖你来调节他的大脑化学物质为他的睡眠做好准备，睡前放松一下，在他洗澡后讲一个故事，将有助于睡眠，并能调节他的身体兴奋系统。

如果你的宝宝很难进入幸福的睡眠，与他进行身体接触会帮助他放松，特别是在他很小的时候。对于一个年龄较大的婴儿，你可以安静地躺在婴儿床旁边，直到他睡着，或者用一只手舒缓地放在他的身体上提供平静的接触。

无论如何都要保持冷静

如果你自己的大脑中充斥着压力性的化学物质，你就不能指望你能让孩子从兴奋状态中冷静下来。你的语气决定着一切，如果你非常紧张、愤怒、恼火或生气，那你试图让孩子冷静下来的努力很可能失败。你的压力和愤怒会激活孩子大脑中的警报系统，使他感到不安全、无法入睡。相反，如果你的大脑中充斥着阿片类物质，并且你的声音温和、安静、抚慰人心，这可能会让你的孩子感到非常放心，让他睡得很好。

有些父母可能会感到压力，因为他们害怕晚上没有时间独处，但这是可以做到的。保持安静，轻轻地让孩子睡在你的怀里，到了合适的时机可以把他放在婴儿睡篮或婴儿床上，悄悄地踮起脚尖离开。

依偎在一起，读一篇故事

身体接触会激活孩子大脑中的催产素，让他们感到困倦。听故事也能吸引孩子额叶（见第18页）的注意力，自然而然地抑制运动冲动，比如想在床上跳来跳去的欲望。你可以努力营造一种奇妙的氛围，调暗灯光（黑暗会激活褪黑素）或使用安全的蜡烛。你也可以播放舒缓的音乐，舒缓的音乐可以降低身体的兴奋程度。

明智地选择食物

避免在睡前给孩子吃富含蛋白质的食物（比如肉类或鱼类），它们会激活大脑中多巴胺的释放。巧克力也不适合，因为它含有兴奋剂——咖啡因。如果孩子饿了，给他吃碳水类食物（比如香蕉），它们会激活大脑中的血清素，让他感到困倦。

避免激活孩子大脑中的恐惧系统

如果孩子害怕黑暗，请在房间里放一盏夜灯，你可以叫它“守护天使”。请认真对待孩子的恐惧和焦虑，让他安心。这样做可以避免孩子的大脑不断触发高水平的谷氨酸、去甲肾上腺素和促肾上腺皮质激素释放因子，这些会使孩子的身体进入高度兴奋状态，在这种情况下没有人想要睡觉。

- 在孩子入睡时躺在他身旁。如果孩子睡觉时你躺在他旁边，不要和他说话，假装自己睡着了，专注于你自己的深呼吸。皮肤与皮肤的接触将调节孩子的自主神经系统，并加强你们之间的联系。你越冷静，孩子就会越冷静。身体接触会激活阿片类物质和催产素的释放，而催产素会引发睡意。
- 探索焦虑的原因。如果你问一个焦虑的3岁孩子到底在害怕什么，那么正在被大脑的恐惧、惊慌/悲伤系统所折磨的他，很可能会想再要一杯水、再上一次厕所，或是要他的奶嘴。你应当问清楚他在害怕什么，或是你离开房间时他觉得会发生什么。当你了解他的感受之后，你就可以找到安抚他的方法，比如给他一件你的衣服，用一种特殊的方式帮他盖好被子，或用言语和拥抱来安抚他。利用你的温暖情感来激活他大脑中的阿片类物质，这些化学物质会自然抑制惊慌/悲伤系统的激活。

我每天晚上都得不停地哄睡我的孩子，我做错了什么？

如果你每天都觉得很难让孩子入睡，你需要问问自己：首先，我足够冷静吗？人类的大脑对情绪氛围非常敏感，哪怕是对压抑的情绪也能强烈感受到。

他的房间里是否拥有宁静、安全的气氛，是否具有可以激活睡眠激素——褪黑素的昏暗灯光？他累不累？他刚刚是吃了富含蛋白质的食物或巧克力，还是喝了会让他保持清醒的饮料？他白天有足够的体力活动吗？尽可能确保他下午在户外玩耍，他在白天玩得越多，晚上就睡得越好。

是不是有什么事困扰着他，让他觉得睡不着觉？你经常责备他吗？他经常对你大喊大叫吗？如果他觉得自己和你的关系不够稳定，他可能会害怕你在睡觉时间离开他。

陪睡

睡在离父母很近的地方，所有动作、气味和声音可以为婴儿提供一个感官丰富的环境。研究证明，整晚的皮肤接触可以调节婴儿尚未成熟的身体和大脑系统，在维持其长期身心健康方面发挥着关键作用。

陪睡的好处

广泛科学研究表明，安全陪睡对孩子未来的身心健康大有益处。和宝宝一起睡会对他的生理产生积极影响，这些额外的身体接触时间可以让你们之间的联系更加紧密，因为无论在晚上还是在白天，你们都保持着非常亲密的关系。

父母陪睡在世界范围内都是很普遍的，它从人类诞生之初就一直存在。除了人类之外，没有其他哺乳动物会让它们的婴儿单独入睡。直到19世纪50年代左右，西方父母都和婴儿睡在一起。把婴儿放在另一个房间睡觉源于“细菌假说”，即成年人呼出的空气中存在某些细菌和病毒，被婴儿吸入会导致疾病。

调节宝宝的体温控制系统

宝宝的体温控制系统是通过与母亲的身体密切接触来调节的。当一个新生儿被放在母亲的胸前时，会发生一些惊人的事。如果宝宝有点冷，母亲的体温会上升2℃来给他取暖；如果宝宝太热了，母亲的体温就会下降1℃来给他降温。这就是所谓的“热同步”，是母婴亲密接触所产生的特殊现象之一。

额外的身体接触

大量证据表明，孩子在童年时得到的身体接触越多，他在成年后就能更冷静，也就越不容易害怕。身体接触有助于调节大脑的压力反应系统，如果没有这种调节，这一系统可能变得过于敏感。在这种情况下，随着孩子的成长，他在压力下很难让自己平静下来。在孩子幼年时和他一起睡觉，意味着孩子可以多拥有8小时能缓解压力的皮肤接触。

心理学研究表明，在小时候能与父母一起睡觉的孩子，他们的自尊心更强、经历的恐惧和焦虑更少、认知表现更好、成年后

“我很平静和安全”

父母睡在婴儿身边可以帮助他们调节呼吸。研究表明，感官刺激（如母亲走路时身体的摇晃和她发出的声音）使胎儿在出生前3个月开始练习呼吸动作，保持有节奏的呼吸。人们认为，出生后睡在父母身边能让婴儿整晚保持规律呼吸。

思考

每晚额外几小时的身体接触可以带来更好的母子关系。保持这种长时间皮肤接触的母亲也发现，她们更容易持续地分泌母乳。

患精神疾病的概率较低、对生活的满足感更强。从未睡在父母床上的孩子更难以控制，他们往往也不能很好地应对独处，更常发脾气、感到恐惧。因为他们的身体和情绪调节较少，大脑中释放的催产素和阿片类物质也较少。

陪睡会有风险吗？

一些父母担心和孩子一起睡觉会压到孩子，导致窒息事件。但研究表明，只要没有吸烟、酗酒，这些担心是没有必要的。而且通常父母也不会睡得那么死，以至缺乏警惕性（见下页的安全须知）。事实上，在许多情况下，父母陪睡时似乎会提高警惕。

一项对大约800小时视频资料的研究表明，即使在睡觉的时候，母亲们似乎也能意识到她们旁边的婴儿。母亲不会压到自己的宝宝，无论宝宝离得多近。研究还表明，当父母和婴儿一起睡觉时，晚上的大部分时间里他们都是面对面的。婴儿不会被动地让自己窒息——即使是新生儿，也会因为某些阻碍他呼吸的东西而挣扎和哭泣。

什么是婴儿猝死综合征（SIDS）？

SIDS（通常称为“婴儿猝死”）与睡眠期间心跳、呼吸或血压不成熟导致的问题有关。宝宝的心肺系统只有在出生后才会发育成熟。在此之前，他们的呼吸系统非常不稳定。事实上，即使是完全健康的婴儿，他们的心跳也可能会非常不规律。这使得婴儿有面临呼吸问题的风险，特别是在睡眠期间。

在英国，每年约有200名婴儿突然意外死亡。英国国家医疗服务体系表示，SIDS很罕见，婴儿死于SIDS的风险很低，但某些睡眠条件会带来重大风险，尤其是在婴儿出生后的3个月，这是最脆弱的一段时期。1961年英国婴儿死亡率为38.2‰，而2019年欧洲每1000名活产婴儿中只有不到4人死亡。

陪睡是常态

世界各地的研究表明，在父母经常陪睡的国家，SIDS发病率非常低。在世界上的一些地方，人们激烈争论应该让孩子在哪里睡觉以及如何睡觉。但在其他一些地方，这并没有什么争议——陪睡是理所当然的事。这在很大程度上是因为对于世界各地的许多家庭来说，他们不可能把婴儿或儿童放在另一个房间里，因为他们根本没有空余的房间。婴儿单独睡觉基本只发生在西方中产阶级家庭。一项研究表明，只有4%的亚洲婴儿独自睡觉。在中国，陪睡被认为是理所当然的事，SIDS非常罕见。

一个国际调查小组发现："在陪睡和同床率最高的地域……SIDS的发病率最低。"许多研究人员认为，西方国家的SIDS发病率较高可能是父母让婴儿长期单独睡觉的结果。

试试——陪睡的安全须知

为了最大限度地减少SIDS的风险，请你遵守以下安全规则（无论婴儿是睡在婴儿床上还是睡在父母的床上）：

- 婴儿应该一直脸朝上躺着（切忌脸朝下）。
- 婴儿睡觉时不应遮盖头部。
- 房间温度为16℃～20℃，理想温度为18℃。
- 婴儿出生后的头6个月应该睡在你的房间里。
- 如果你或房间里的任何人吸烟，请不要让婴儿和你一起睡或待在这个房间里。
- 不要让婴儿睡在两个大人中间。
- 如果你一直在饮酒、服药，或者你的警惕性因疲惫而受损，请不要和婴儿一起睡觉。
- 不要用羽绒被盖住婴儿，请使用不高于婴儿肩膀的毯子。
- 不要让婴儿睡在枕头上或靠近枕头的地方。
- 不要让婴儿睡在毛皮上。
- 婴儿不应该睡在沙发、水床上或与其他儿童同睡。
- 永远不要把婴儿单独留在成年人床上。

陪睡的关键安全因素

如果晚上你实在太累了或喝了酒，那就不要让孩子睡在你的旁边，请把孩子放到床边的摇篮或婴儿床上，在你清醒状态下再进行陪睡。以下是你需要知道的陪睡须知：

- 无论躺在婴儿床上还是躺在父母的床上，婴儿都必须脸朝上，把脚朝向床垫尾部。
- 房间不能过热，温度应在16℃～20℃。别猜了，看一下温度计吧。
- 不要用羽绒被盖住婴儿，请使用毯子，而且确保毯子不要高过婴儿的肩膀。
- 不要将羽绒被、柔软的玩具、枕头或毛皮放在婴儿身边，婴儿永远不应该睡在枕头或毛皮上。
- 床垫必须坚固。婴儿不应该睡在柔软的床垫上。确保床头板和床垫之间、床垫和墙壁之间没有缝隙。
- 婴儿不应该睡在两个人之间。如果你的孩子不到1岁，也不要允许他和哥哥姐姐睡在一起。
- 如果家里有人吸烟（或者你在怀孕期间吸烟），或是你的警惕性可能会受到任何影响的情况下，千万不要和你的孩子一起睡觉。这意味着你也不可以喝酒，一杯酒也不行，还不可以使用帮助睡眠的药物，不可以处于精疲力竭的状态。

在这些安全措施都到位之后，如果你仍然担心SIDS的风险，那就把你的孩子放在床边的婴儿床上。如果你的宝宝呼吸困难、脸色苍白、出现皮疹、对你的反应不正常、发烧、出汗或身体不适，请尽快寻求医生的帮助。

思考

研究表明，多数学龄前儿童需要成年人在身边陪伴他们入睡，许多孩子会到父母的床上寻求安慰。这就是儿童早期大脑中控制恐惧和惊慌/悲伤的神经系统的力量。情绪反应敏锐的父母会接受婴儿大脑发育的这个自然阶段。

陪睡的益处

媒体反复宣传陪睡的风险，却隐瞒其益处。因此，父母看到的观点既不客观，也无科学依据。如果不遵循安全措施，陪睡是有风险的，但婴儿单独睡觉也有风险。你有权知道陪睡的益处，而不仅仅是风险。

广泛的医学研究表明，父母和孩子一起睡，尤其是皮肤接触，有以下好处：

- 调节婴儿的心率、消化系统、呼吸系统、体温。
- 大幅降低婴儿的压力（不良压力）化学物质，促使婴儿的大脑释放催产素和阿片类物质。
- 支持婴儿的压力反应系统、睡眠模式、身体功能的发育以及大脑的发育，从而增强认知功能。一项研究发现，这些影响在多年后仍会显现。
- 强化婴儿的免疫系统，避免在出生后头6个月患上严重疾病。
- 使婴儿保持更长时间的浅睡眠，这可以预防SIDS的发生，在呼吸困难时，婴儿更容易醒来。如果独自一人，婴儿往往会进入深度睡眠，很难从睡眠中被唤醒。
- 改善你的睡眠质量。如果你的孩子动了动，你就在他旁边，他很快就可以平静下来（因为你抚慰的声音和你的拥抱可以触发孩子大脑中阿片类物质的释放）。研究表明，如果你醒过来的时间少于15秒，你可以很快再次入睡。如果你不得不起床照顾你的孩子，你肯定会更加清醒。

睡眠实验室中的观察

研究发现，当婴儿和母亲一起睡觉时，他们都可以睡得更久。而且母乳喂养的质量可以提高2～4倍，婴儿会获得更多来自母亲的抗体，以减少儿童疾病的发病率。相反，如果婴儿独自一人入睡，母乳喂养可能会中断（即使婴儿就在旁边的婴儿床上）。和父母一起睡觉的婴儿几乎不会哭泣（除非感到疼痛或不适）。母亲对自己的宝宝非常敏感和细心，她会不断地检查他，触摸、抚慰（所有这些都是在15秒安慰时间内完成的），确保他非常安全。令人惊讶的是，到了早上，大多数母亲都没有意识到她们整晚都在做这些。

如果婴儿独自入睡会怎样？

研究证实，人在幼年期间感到孤立和感觉剥夺与成年后的精神疾病有关。如果婴儿独自入睡，他们的体温可能低于正常水平，心率和呼吸可能出现不稳定的波动。当婴儿被再次放到母亲的身边时，这些变化就会稳定下来。如果婴儿与母亲分开6小时，他们的压力激素水平将是待在母亲身边的婴儿的2倍。一旦婴儿被放到母亲身边，压力激素就会下降到安全水平。

陪睡和睡眠问题

如果孩子在你的床上你就睡不好的话，你可以着重学习本章中安全就寝和睡眠训练的内容。如果你想在白天成为孩子有效的情绪调节器，那你的睡眠质量非常重要。如果你很累，你的大脑就有可能激活负面的大脑化学物质，这对你的孩子没有好处。但如果失眠让你变得易怒、烦躁和疲劳，那么你的状态很可能会在白天让孩子失望。

什么时候停止陪睡？

何时停止没有对与错之分。如果你正在考虑让孩子睡在他自己的床上，你应该问问自己，是你自己想这样做，还是有人建议你这样做。如果你和孩子有足够的睡眠，你和你的伴侣有足够的身体亲密行为，那就没有理由停止陪睡。强迫自己达到一个虚构的标准，可能会给你造成很大的压力。

父母想要一些私人空间，怎么办？

当然，你选择陪睡是有代价的，但许多父母采取了有创造性的措施：他们会在其他时间过性生活，或者先让孩子在自己的床上睡觉，然后再把他抱到父母的床上。如果你感觉快到达自己的极限，迫切希望可以离开孩子一会儿，那么在你做出睡眠安排的决定时，请记住“痛苦不会是永远的”！随着时间的推移，孩子大脑中的惊慌/悲伤系统变得不那么敏感，所以与你的分离不会引发同样的情感痛苦。因为孩子快速发育的大脑开始自然抑制这个系统。此外，随着孩子进入青春期，激素的变化会产生进一步的抑制作用。

睡眠训练

一些孩子可以在自己的床上安然入睡，甚至从来没有接受过睡眠或哭泣训练。他们在就寝时间和世界完全安全的感觉之间建立了非常强烈的联系。但对于许多孩子来说，就寝会激活大脑和身体中的原始警报系统，他们需要温柔的帮助才能冷静下来。

开始睡眠训练

大多数父母开始睡眠训练是因为他们和孩子都需要更好的睡眠。1～3岁的儿童需要12～14小时的睡眠，3～5岁的儿童需要11～13小时的睡眠，而5～12岁的儿童则需要10～11小时的睡眠。睡眠对身体的生长至关重要（生长激素只有在睡眠时才会释放）。儿童睡眠不足的影响包括在学校表现不佳、注意力不集中和过度活跃。

如果你决定进行睡眠训练，请不要使用让孩子持久哭泣的方法，即使几个晚上（见下文）。随着大脑的发育，孩子会摆脱惊慌/悲伤反应，但在此之前，你必须通过安抚和安慰来面对他的恐惧或痛苦状态。从孩子的角度来看，一想到晚上要和你分开，一个人被关在黑暗的房间里，就会引发极度的焦虑。

“哭哭就好了”

一些专家主张让孩子独自哭哭就好了，如果孩子哭了几个晚上也得不到自己想要的东西，他们就不会在睡觉时哭闹。然而，这通常会导致长达1小时或更长时间的哭泣，而且会持续很多个晚上，而不仅仅是几个晚上。从父母的角度来看，这个方法是有效的，但它永远不是一项有价值的成就。

婴儿无法让自己平静下来

婴儿无法让自己的内心处于宁静和幸福的状态，他所能做的是在没有回应的情况下最终放弃，在无休止的疲惫和无人应答的呼救后睡着。另外，在绝望呼喊下睡着的压力很大，这意味着婴儿可能经常在半夜醒来，就像成年人在非常紧张的状态下睡着一样。一个在与父母分离时被训练成压抑哭泣本能的婴儿，永远不应该被误认为处于平静状态，他只是被训练成这样的。他的压力水平将会上升，而不是下降。研究表明，在让婴儿独自哭泣之后，他会进入原始的防御模式。这会导致呼吸和心率不规律，两者都会剧烈波动，并导致皮质醇水平升高。被训练成不会哭泣的婴儿经常茫然地凝视着空气。神经精神分析学家艾伦·肖尔（Allan Schore）将其称为“持续存在的黑点”或“保存–退缩反应”。在依恋理论中，一个孩子开始压抑（而不是表达）自己的感受的过程被称为“抗议–绝望–分离”。

没有你的帮助，孩子无法将他的压力激素降到基础水平，也无法调整他的身体唤醒状态，或改变他的大脑化学物质——用于放松的催产素和阿片类物质生效。为了做到这些，孩子需要你在

思考

孩子可能对睡前的分离非常敏感。如果孩子对独处感到焦虑，大脑中的垂体会向肾上腺释放促肾上腺皮质激素，肾上腺会产生高水平的应激激素皮质醇（见第45页）。对其他哺乳类婴儿的研究表明，婴儿分离焦虑的时间越长，皮质醇水平就会越高。即使哭泣和烦躁不安的情绪减少，皮质醇也会保持在高位或升高。反复的分离焦虑可能产生的长期影响是对压力的极度敏感。有这种高敏感体质的成年人也很难让自己平静下来。而一个在睡前得到安慰和安抚的孩子，他的大脑中可能会充斥催产素和阿片类物质帮助他平静地入睡。

我的孩子跟着我走出卧室，我该怎么办？

如果你已经尽了一切努力让孩子睡在自己的床上，但随后他还是跟着你走出房间，你可以立即转身把他放回床上，你需要安慰他，告诉他这里很安全，你会在明天早上再次见到他。不要让孩子一个人哭，也不要把他放在床上就走。如果你这样做，他会有一种被遗弃的感觉，这会激活他低位脑的惊慌/悲伤系统。你应当再次告诉孩子，他是安全的、被爱着的，并给他一个拥抱。每次他跟着你起来的时候都要这样做。

他身边，抚慰他，调节他不成熟的大脑和身体系统。

这不是一场战斗

可悲的是，睡前的场景经常被误认为是一场意志之战，而不是孩子大脑中疼痛和恐慌激活引起的。当孩子哭着要求父母不要在晚上离开他们时，他们的行为与其他哺乳类婴儿被孤立时的本能反应一样，这与成年人猜想的控制无关，而是哺乳动物的低位脑中强大的激素系统的作用。

温柔的睡眠训练

并不是所有睡眠训练都对大脑有害。你可以尝试以下方法，如果宝宝感到痛苦，那么这些对他来说并不管用（还记得那些脆弱又不成熟的大脑系统吧）。你可以试着坐在他的床边，直到他觉得足够安全可以入睡。

录制你的声音

对其他哺乳动物的研究表明，母亲的声学存在（换句话说，母亲的声音）可以有效降低与母亲分离的孩子的压力化学水平。当孩子准备好自己睡觉后，给他录一段你说的话，比如，“嗨，小家伙，你现在很安全，我最爱你了。”你也可以录一段他喜欢的故事。如果他在夜间进入痛苦状态，他可以直接打开床边的播放器。

给孩子一些有你气味的东西

晚上给孩子拿一些闻起来有你的味道的东西，比如，你的一件衣服。对于还在母乳喂养的婴儿，将一块带有母乳气味的柔软毛巾放在他身边（但是他够不着的地方），可以让他平静下来。因为大脑中负责记录气味的嗅球紧挨着杏仁核，杏仁核是大脑中触发强烈情感联想的区域。

创造舒适的房间环境

我们知道，当一个人进入熟悉而舒适的地方时，大脑中的阿片类物质会被激活。所以，让孩子的卧室成为他喜欢待的地方，一个真正的避风港。可以让大一点的孩子自己选择喜欢的床上用品、书桌、墙上的海报等。

按摩、可爱的玩具和奖励

研究表明，睡前接受按摩的学龄前儿童的入睡困难较小，睡眠质量较好。让大一点的孩子拥有一个可爱的玩具，这也可以激活有安抚作用的大脑化学物质。你还可以尝试奖励制度：孩子整晚睡在自己的床上时，你给他一张贴纸，一定数量的贴纸可以兑换一份大礼。

开着门睡

很多孩子在睡觉前都请求父母让卧室门开着，有些家长会告诉孩子：如果你跟着我起来，我会关上门；如果你留在床上，我会让门开着。这种方法会激活孩子低位脑中的恐惧系统。门被关上（并完全切断与你的联系）是非常可怕的，以至孩子宁愿留在自己的床上，他的皮质醇水平会达到令人担忧的水平（见第44～45页）。几个世纪以来，人们一直试图通过激活孩子大脑的恐惧系统来培养孩子的行为举止。但研究表明，在童年时期反复激活这一系统会让孩子在今后的生活中有患焦虑症的风险。

思考

白天的小睡对婴儿和幼儿很重要，如果你的孩子长大后已经不再需要小睡，那么坚持让他睡午觉是没有意义的。如果孩子真的很累，他会在任何地方补充睡眠——在沙发上、在婴儿推车上，或是在汽车座椅上。

要点

• 大多数婴儿都是间歇性睡眠者，你的宝宝晚上睡不着并不意味着你的育儿方式不够好。

• 在世界上的很多地方，父母陪睡是常态；如果父母遵守所有的安全规则，就没有必要过度担忧风险。

• 在维持孩子的身心健康、调节他不成熟的身体和大脑系统方面，夜间的皮肤接触和密切的身体接触可以发挥关键作用。

• 让孩子哭着睡着，会让他不成熟的大脑系统面临不良风险。

• 睡眠训练不是非得伴随着哭闹，使用温和的方法可以产生正向效果，同时不产生破坏性的长期影响。

第四章

关爱与快乐的化学反应

本章主要讲述如何让孩子在成长过程中拥有快乐的能力与学会和平地去爱（而不是痛苦地爱）的能力。这不仅仅让你能更好地爱你的孩子，还可以让你的孩子知道你会始终如一地对他做出情感反应，提升他的尊严，从不羞辱他。父母要做的是帮助孩子调节压力状态，而不是给他带来压力。这样，孩子在亲子关系中学到的安全依恋能力将延续到成年生活中的恋爱关系中。当我们爱得很深时，我们就很有活力；如果我们不能全身心地去爱，我们就不能全身心地生活。

强大的大脑化学物质

激素和神经递质是身体和大脑中的强大化学物质，可以让我们感觉很棒，也可以让我们感觉很糟。我们曾经认为激素只与我们的性行为有关，但其实有许多不同类型的激素以各种方式影响我们——影响我们的感觉、感知和行为。

激素天堂

神经学家坎迪斯·珀特（Candace Pert）说：“我们每个人都有自己的最佳药房，以最小成本生产我们身体和大脑运行所需的所有药物。”我们身体和大脑中的天然激素和神经化学物质不仅能让我们感觉良好，还能让我们茁壮成长。但是，由于童年时期的人际关系压力过大，一些人可能永远无法接触到他们大脑“药房”里最好的化学物质。

温暖、满足和安全

内源性阿片类物质是大脑的关怀、探索和游戏系统（见第32页）中的关键神经化学物质；阿片受体存在于大脑皮层、边缘系统和脑干。内源性阿片系统具有许多功能，包括缓解疼痛和控制情绪。

另一种重要的大脑化学物质是催产素，它对促进舒适感和安全感至关重要。它还有抑制压力反应系统（见第44～45页）的作用。当垂体释放催产素时，我们会感到更平静、更自在。

当阿片类物质和催产素在大脑中占据主导地位时，世界就像一个温暖而诱人的地方。当它们结合在一起并被强烈激活时，可以给我们带来深层次的平静和满足感，让我们从容不迫地应对生活中的压力。如果你能给孩子提供充满关爱和平静的幼年环境，催产素和阿片类物质就会反复在他的大脑中占据主导地位。这会

“你在这里我很开心”

孩子有时会在快乐地跑来跑去之后，突然坐到爸爸妈妈的大腿上、靠在他们身上，或是以某种方式触摸他们。这可能会持续几秒或几分钟，然后孩子会再次开心地跑来跑去。这就是所谓的“情感补给”，它可以在孩子的大脑中创造出美妙的化学平衡。如果你的孩子愿意这样和你玩耍，那么这是一种真正的赞美——他把你视为天然的大脑阿片类物质的来源。

让他的内心感到非常平静、安全而温暖，让他更好地拥有：

- 欣赏事物的能力；
- 留恋当下的能力；
- 顺其自然、放手去做的能力。

经常体验这类神经化学状态，你的孩子会以兴趣和好奇（而不是恐惧和威胁）迎接世界。更重要的是，他的修复力也会强化，能很好地应对生活中任何人都无法避免的痛苦和压力时刻。

激素地狱

一些孩子在童年时期反复感到恐惧和愤怒，比如，经常被责骂、父母吵架，或是大量的命令、批评和愤怒表情，可能会阻碍阿片类物质和催产素在其大脑中释放。没有平静、舒适和温暖的身体情感帮助他们放松，他们的身体和大脑会逐渐习惯在压力时期由肾上腺释放的高水平神经化学物质——皮质醇、肾上腺素和去甲肾上腺素。这会让他们在任何时候都感到威胁、不安全、烦躁和紧张。

感觉受到攻击

当大脑和身体中的高水平激素皮质醇和促肾上腺皮质激素释放因子的激活时间过长，世界就像一个充满敌意和攻击的地方。高水平的皮质醇会让我们感到不知所措、恐惧和痛苦，让我们的思想、感觉和感知充满威胁感或恐惧感。身体的肾上腺素可以强烈地影响我们的情绪，让心脏跳得更快、更用力，让肝脏释放葡萄糖，让脂肪被释放，让肌肉调动能量储存。

肾上腺素处于最佳水平时，我们可以用清晰的思维保持警觉，但当它们被强烈激活时，会像皮质醇一样让我们感到焦虑或愤怒，或者两者兼而有之。我们变得专注于威胁感（无论是真实的还是想象的），我们的身体会进入高度唤醒状态，激活低位脑中各种形式的“战斗”（攻击）或“逃跑、僵持”（撤退和回避）的冲动。我们的思维可能充满复仇和仇恨的幻想。

研究表明，孩子在幼年经历的养育方式对压力化学物质是否会在今后的生活中经常被强烈激活具有极大的影响。如果压力化学物质经常被激活，可能会让孩子的思维处于痛苦之中，而不是平静之中，身体处于持续的过度唤醒状态。他们可能会在大部分时间里感到有威胁，除非他们遇到另一个可以在情绪上帮他们的成年人，比如老师或亲戚。可悲的是，这种“世界并不安全”的错觉最终会成为孩子了解自己和他人的方式。因此，他们可能会长期生活在不信任的状态中，并持有逃避生活或与生活抗争的基本态度。

身体接触可以减轻压力

你不能给儿童或成年人注射催产素，因为它不会进入大脑。你也不能口服药物，因为它会被消化。只有通过温暖的人际关系，这些化学物质才能在人脑中被高度激活！简而言之，如果我们希望孩子长大后能够在这个世界上感到平静和安全，并与自己和其他人相处自在，我们需要确保给孩子安全和温暖的身体接触，并对他们的痛苦进行身体安慰，这是他们生活中不可或缺的部分。

一对一时刻

父母和孩子之间任何形式的温暖的身体接触都可能产生积极的影响。拥抱、深情的抚摸、用背带抱着、抚触按摩（见第48页）、陪睡、在你的怀里入睡，这些都可以对你的孩子产生奇妙的影响。这些与慈爱的父母一对一的时刻会激活孩子大脑中的阿片类物质和催产素释放。这会让你们双方都感到开心和满足。为了实现这一点，重要的是你要处于平静的状态，也就是阿片类物质和催产素在你的大脑中占据主导地位的时候。注意控制你的情绪，因为当你焦虑或紧张时，你即使躺在孩子身边，也会让他的大脑释放压力化学物质。

哪怕孩子5岁以上，也别忘了拥抱

触摸对大脑的惊人影响在大一点的孩子身上同样存在。你的孩子从拥抱中获得的催产素将使你和孩子之间的阿片类物质纽带保持更长的时间。更重要的是，如果从婴儿期到青春期一直可以保持一定的拥抱（当然，前提是这些孩子仍然想要拥抱），这可能意味着当你的孩子十几岁时，你们之间的关系不会那么紧张（见第185～186页）。

关于爱

我们每个人的大脑中都有一个赋予我们爱之能力的遗传性基本情绪系统——关怀系统。但这个系统具有“经验依赖性”，这意味着它将如何表达（或不表达）取决于我们所拥有的经历类型，特别是我们童年时的那些经历。

爱的不同方式

我们可以平和地爱，也可以折磨地爱。平和的爱意味着你将爱与深层幸福感联系在一起，你爱的人会给你的生活带来安全、舒适和意义。你会理智地看待你所爱的人，并对他们有基本的信任。折磨的爱可能意味着反复的争吵、冲突、毁灭性的愤怒和恐

思考

建立充满爱的关系的能力往往在生命的早期就开始了。你的孩子将向一贯的榜样——你，学习与他人相处中的爱和善良。如果你的孩子长大后能够平静地爱，在以后的生活中，他将能够：

- 明智地选择伴侣，接近对他有利的人，远离对他不利的人。
- 发展和维持长期的、令人满意的亲密关系。
- 具有温柔、善良、同情和激情等重要能力。
- 倾听、抚慰、安抚别人，在情感上支持别人。
- 自发地帮助所爱的人。
- 同时拥有爱和性。
- 用赞美、赞赏、友善的惊喜来滋养亲密关系，慷慨分享内心世界的想法和感受，即使这让人感觉很困难。

惧，而这些往往是由对被抛弃的潜在恐惧引发的。你可能会对他人充满不信任，这使得你对安心和依恋的需求都无法被满足。甚至，你可能会毁掉或是逃离这份爱。你现在爱孩子的方式和孩子大脑中被激活的化学物质和系统将显著影响孩子最终会选择平和地爱还是折磨地爱。

在本章中，我将着眼于父母和孩子之间的爱，以及它对孩子在今后的生活中建立良好人际关系的影响。英国国家统计局的数据显示，全国有一半的儿童来自离异家庭，四分之一的儿童由单亲家长抚养。这意味着数百万人感受过痛苦中的爱，在成长过程中看到父母在痛苦中又爱又恨。

本章旨在帮助你确保孩子成年后不会遭受这样的痛苦。孩子和你在一起的初始经历将对他感受爱和人类温暖的基本情绪系统的成长产生显著影响。

平和之爱的神经科学原理

无论是孩子和父母，还是一对成年伴侣，平和的爱意味着在大多数时间里，对方会给你强烈的安全感、舒适感、价值感，以及真正的意义和目标。你相信你爱的人不会吓唬你或不尊重你，当他们伤害你或让你生气时（不可避免会时不时出现这样的情况），你知道他们会听取你的观点，并努力找到弥补的方法。当我们深爱对方的时候，我们也会充满活力。那么，这种幸福的生活方式是怎样由大脑支持的，这和育儿方式又有什么关系呢？

激活关怀（依恋）系统

这个系统延伸到整个低位脑，它的关键化学物质包括前扣带回（见第19页）在内的大脑多个部位释放的阿片类物质，以及从垂体释放的催乳素和催产素（见第88～89页）。当我们热恋时，腹侧被盖区（VTA）会释放多巴胺，刺激大脑下部和额叶的通路网络。科学家认为VTA可能会激活表达关爱的行为。

如果育儿方式能使孩子平和地爱，意味着他们低位脑深处的关怀（依恋）系统在被反复而持续地激活。此外，当孩子感到愤怒、恐惧或痛苦时，父母会帮助他们处理这些情绪，会安抚他们、让他们冷静、听取他们的意见，而不是采取“别管了”的态度。这样，孩子就会在脑海中把父母当作“安全基地”，并知道每当他们受到伤害、害怕或不高兴时，他们的父母都会以敏感、协调的方式对他们做出回应。此外，安全依恋的孩子相信，当他们感到快乐、兴奋或自豪时，他们的父母总会以恰当的语言、语调和能量，充满活力地迎接他们。简而言之，安全依恋就是“用痛苦感受孩子的痛苦，用快乐感受孩子的快乐”。

平和的爱会激活大脑中包括阿片类物质在内的一系列幸福化学物质（见第88～89页）。正如我所描述的，只有当这些物质被反复触发，我们才会感到温暖、自由、强大，一切都是美好的。如果我们与所爱的人在身体上亲近，这种感觉就会加强。在这种情况下，抚摸会触发催产素，从而使阿片类物质系统变得更敏感。催产素和阿片类物质是抗攻击、抗焦虑的化学物质，当它们被触发时，我们不会感到焦虑或担忧，也不会感到愤怒。更重要的是，当它们在你孩子的大脑中反复被激活时，你的孩子也会建立起修复力和处理生活中不可避免的痛苦和压力的能力。

丰富生活质量

激活关怀系统可以通过多种方式为孩子提供安全感，让他们过上更好、更充实、更有回报的生活。

- **敬畏和好奇**：经常处于幸福状态中，你的孩子将带着兴趣和好奇（而不是担忧或威胁）迎接世界，并能品味和体会当下。在亲子关系的背景下激活关怀系统，使我们能够享受敬畏和好奇的状态，感到轻松和放松，并为自己重新赋能。如果我们要体验从平凡和日常到精致和奇妙的转变，敬畏的能力是至关重要的。

它也是体验人性之美、音乐之美、自然之美和令人惊叹的人类创造之美的关键。敬畏向我们展示了什么是可能的，它同时又是失败和绝望的解药。

- **温柔和同情**：当关怀系统与高位脑（见第18页）以良好的协调方式工作时，我们可以体会怜悯和同情的感觉，并采取慷慨的举动。在温暖安全的抚养方式下，一些灵长类动物（像我们一样）会优先帮助处于困境中的动物。例如，神经学家让·迪蒂（Jean Decety）发现，一只无忧无虑的老鼠会选择先救出被困的老鼠，而不是先吃巧克力（这可是老鼠最喜欢的点心）。在

试试——特殊时刻

孩子与父母之所以能建立起牢固的平和之爱纽带，与他们待在一起的时间有直接关系，与他们大脑中被触发的阿片类物质、催产素和催乳素有关。父母在孩子哭泣和快乐的时候，用爱的双臂把他们抱起来、把他们抛到空中、在他们的肚子上挠痒，为建立起深爱的纽带奠定了基础，这些简单的回应可以强烈地激活纽带化学物质。

被困的伙伴获救之后，无忧无虑的那只老鼠甚至会和伙伴一起分享巧克力。

- **心理力量**：科学家发现，心理力量（或修复能力）也是由阿片类物质介导的。安全依恋的儿童具有较强的适应力，这意味着在收到令人震惊的坏消息之后，他们可以冷静下来好好思考（在最初的失调之后，毕竟谁都会被坏消息吓到）。安全依恋还意味着他们有能力向他人寻求帮助，而不是依赖毒品、酒精、食物、香烟或自我伤害来让自己平静下来。
- **受欢迎和社会信心**：研究表明，人类和动物愿意花更多的时间和那些强烈激活幸福化学物质的人在一起。大脑中阿片类物质被激活的人会让我们感到安全和温暖——他们像太阳一样明亮。
- **更健康的身体**：孩子的身体可能会更健康，因为他们的免疫系统也会受益。

折磨之爱的神经科学原理

无论是在亲子关系中还是在成年人关系中，“折磨之爱”是指爱被恐惧和痛苦反复破坏。这种情况下触发的是愤怒、恐惧和惊慌/悲伤系统（见第33页）。常见的情况包括批评、命令、贬低、阻挠，有时甚至威胁要离开。由于通常缺乏修复关系、道歉、承认自己在事情中的责任、移情和找到重新联系的技能，痛苦变得更加严重。研究表明，痛苦中的爱会带来反复的压力激素驱动的自我否定状态，导致身体和心理健康问题，通常会缩短寿命。

当亲子关系如上所述时，孩子成年后的亲密关系中也很容易受到爱的折磨。他们长大后可能会：

- 将爱情与权力和控制混为一谈。
- 保持破坏性关系。
- 主要以批评、蔑视、阻挠（冷冰冰的沉默）和防御（研究表明，这是即将分手和离婚的必经之路）的方式相处。

- 在蜜月期过后，只能维持短期的亲密关系。
- 强烈渴望被爱，以至和身边的人（包括他们自己的孩子）都疏远了。
- 根本不知如何去爱。

在接下来的内容中，将介绍父母应该如何回应孩子的情感需求，以确保他们在和平的爱中成长。

平和之爱的育儿方式

如何确保你的孩子拥有的是平和之爱，而不是折磨之爱？一些父母错误地认为，要让孩子变得安全依恋，只需要爱孩子就好。事实并非如此。安全依恋意味着孩子对成年人感到安全，每当他们有情感需求时，成年人就能提供协调的情绪回应。

协调的情绪回应的原理

协调的情绪回应也被称为“母性同步”，发生在父母准确且有同理心地理解孩子的信号时——他们之间非常“合拍”。研究表明，真正合拍的父母在不到1秒的时间内会对婴儿的面对面互动做出敏感的反应。孩子会将这种体验视为与父母建立深刻而充满活力的联系，从而使他产生一种真正被了解和接受的感觉。

为了提供协调的情绪回应，你需要自觉地思考你是如何对待你的孩子的。“我是不是太粗鲁、太冒犯或太焦虑了？作为对孩子骄傲时刻的回应，我的话语是否太严格、太没有耐心或太低调？”想想当你给孩子换尿布、穿衣服或和他一起玩时，孩子可能会对你有什么样的感受。这就是所谓的换位思考的能力，思考你自己和他人的心理状态。此外，在幼年时期，当孩子一次次提出需求时，重要的是将之看作寻求依恋（需要情绪调节），而不是寻求注意（有时会受到惩罚）。

修复关系的重要性

上述内容也许会让很多父母感到内疚，这好像要求他们在承受当今的压力之外还必须拥有非凡的敏感意识和同情心。接下来，说些让人放松的内容！美国发展心理学家埃德·特罗尼克

（Ed Tronick）做了一项重要的研究，他向一组提供安全依恋的父母提出了一个重要问题：为了让孩子有安全依恋，你们必须多久与孩子互动一次？他发现，这些父母在三分之一的时间内与孩子拥有美好的互动关系，三分之一的时间内并不协调，但他们在意识到自己错误之后会努力进行修复（称为“互动修复”）。在剩下的时间里，他们并不是非常协调。然而，三分之二的时间足以让孩子产生牢固的安全依恋，从而以我所描述的方式在生活中茁壮成长。

案例——玩食物

一位父亲和他3岁的儿子弗兰基坐在一家餐馆的桌子旁。弗兰基兴高采烈地开着他的玩具火车，撞上了他那盘意大利面。他的父亲提高了声音，有点严厉地对弗兰基说“不行”。这吓到了弗兰基，但他可以安全地依恋父母，所以他绕过桌子跑到爸爸那里寻求安慰。他的爸爸道歉：“我很抱歉，我希望你不要把你的玩具放到食物里，但我不应该用这种会吓到你的声调跟你说话。”弗兰基随即停止了哭泣，高兴地坐了下来。

当我们提供安全依恋时，会发生什么？

研究表明，富有同理心（见下页）的父母都有安全依恋的孩子，孩子大脑中的伏隔核和腹侧被盖区区域的奖赏系统被激活（见第93～94页），他们会意识到自己可以使父母开心，奖励化学物质也会在他们大脑的相同区域触发，这就形成了一个互惠互利的循环。

当父母有同理心时，也会激活孩子大脑中与心理理论、情绪调节和同理心相关的部分（前额叶皮质）。换句话说，我们有科学证据表明，父母的心就是孩子的心。相比之下，经常协调不当的父母与孩子在一起时，压力激素会占主导地位。对于唤醒水平过高的父母（干涉型育儿）或唤醒水平过低的父母（抑郁或情感缺失型育儿）来说，情况尤其如此。

当你无法协调时

当你和孩子之间的情感互动出了问题，会发生什么？首先，非常重要的一点是，没有一位家长在任何时候都是完美的。正如我们已经讨论过的，美国心理学家埃德·特罗尼克和英国儿童精神分析学家唐纳德·温尼科特（Donald W.Winnicott）的研究也证实了“完美父母是不存在的”。

生活可能会成为障碍

在现实生活中，父母或准父母有时会面临可怕的、糟糕的生活事件。这种情况可能会在一段时间内对快乐育儿方式产生负面影响，这是完全可以理解的。如果你的生活环境真的很糟糕，你低位脑中的恐惧和惊慌/悲伤系统很可能会被不断触发。这意味着高水平的压力激素阻断了阿片类物质的释放，降低了你对孩子的感情。因此，在很多时候，当你和孩子在一起时，你就是感觉不到温暖、爱意、共情和有趣。另外，如果你正处于震惊之中，你可能会拼命控制自己强烈的焦虑、愤怒和悲伤状态，导致无法始终以情感协调的方式帮助你的孩子。你所有的努力都是为了在情绪上调节自己，这不是任何人的错，事情有时候就是这样的。当你患有产前或产后抑郁（见第278～280页）时，上述所有情况都会出现。这是一个大脑生化反应现实，你无法自己“振作起来”，你需要帮助。

思考

孩子喜欢有很多功能的玩具，按下按钮，玩具就会变得很吵，孩子特别喜欢大音量，如果能让你大喊大叫，你就成了他的完美玩具！但是，如果你能给予孩子积极的亲密关系时刻，他大脑中阿片类物质将被快速激活，并超越他缠着你时获得的肾上腺素的速度，从而改变这种状况。

你曾经接受的育儿方式会影响你的协调

在其他时候，协调会出现问题是因为你曾

经接受的育儿方式会影响你现在的育儿方式。如果你的父母曾经太严格了，你会决定不再重复自己小时候曾经接受的育儿方式，但这可能导致你走向相反的极端。如果你的父母太严厉，你可能会变得过于宽容，反之亦然——如果你的父母过于宽容，你的控制欲望会太过强大。当你单纯模仿父母的方式导致协调出错，说明你在亲子关系中与孩子太过疏远，并且过于主观。

思考

和孩子一起进行令人兴奋的活动会激活多巴胺，但这并不能使他获得至关重要的阿片类物质，因为阿片类物质只能通过可以缓解孩子痛苦情绪的同理心和身体接触来激活。因此，善于与孩子一起玩，但不太善于对他的痛苦感受做出情感反应，同样不利于加强亲子之间的情感纽带。

认识到自己的“不协调”

首先，承认你的“不协调”，这可能并不是你的错。问问自己以下问题：

- 当我的孩子想引起我的注意、想让我跟他玩耍或他处于困境时，我是否想退缩？
- 我是否觉得和孩子在一起的时间对我来说压力越来越大，回报越来越少？
- 我是否拼命想让我的孩子与我产生共鸣，但他似乎并不想这样做？
- 我的孩子会主动避免眼神接触吗？
- 我的孩子从来不会把他的担忧或问题告诉我吗？
- 比起我，我的孩子更喜欢和其他家庭成员相处吗？他会主动避开我吗——比起与我共度时光，他更喜欢自己的平板电脑吗？

如何识别干涉型协调

父母采用干涉型育儿方式通常很少解读孩子的情绪暗示，他们会把需求强加给孩子。对于婴儿，这可以从过度擦拭（在用餐时间）、过度清洁或在他想休息的时候把他抱起来等事上体现出来。这也包括使用很多命令，过度指挥孩子，比如：“做这个”“坐这里”“玩这个”“不，别玩那个”，等等，这通常被称为“强迫指导”。父母采用干涉型育儿方式也意味着对孩子进行说教，而不是去理解他，好奇他为什么要做某事。有时，父母没有意识到他们对孩子过于焦虑、干涉、控制或专横，也无法感受和思考他们的孩子正在感受或需要什么。一些父母“需要”他们的孩子回应他们，这是因为他们自己童年的情感需求没有得到满足。

研究表明，在干涉型育儿的情况下，父母大脑中的杏仁核会更大程度地被激活，导致过度兴奋，在与孩子相处时会引发焦虑。孩子会意识到这一点，并退缩。当这样的父母和婴儿在一起时，他们大脑中的压力系统都会被激活，婴儿体内的皮质醇水平会升高，这可能导致婴儿很抗拒父母，从而导致父母更加干预孩子，因此形成恶性循环，而这最终会让他们在一起度过一段痛苦的时光。

沮丧或情绪低落型协调

研究发现，患有抑郁症的母亲说话通常很平淡，与婴儿交谈较少，很少陪玩和哺乳；婴儿更嗜睡，有痛苦和自我安慰的迹象。如果你发现自己如此，千万不要为此而自责。正如我们将要提到的，如果你能得到帮助，你和孩子的关系就会改善，这样你们都可以享受美好的关系。与此同时，找一个比你现在情绪状况更好的人，由他和你的孩子进行更有趣的接触。

- 母亲的大脑里发生了什么：对患有抑郁症的母亲的大脑扫描显示，当她们的婴儿哭泣时，她们的前额叶皮质相对反应迟钝。当她们看到孩子的积极图像时，杏仁核激活减少，所以看到孩子时的情绪兴奋也会减少。大脑中的压力调节系统表现不佳说明这类母亲很难管理自己的压力，所以当她们的孩子痛苦时，她们会反应过度或反应不足。患有创伤后应激障碍的母亲，她们的恐惧系统被唤醒，因此她们倾向于远离痛苦的婴儿，婴儿常常在自己的身边

“找不到”他们的母亲。

● 孩子的大脑里发生了什么：婴儿能敏锐地感觉到母亲的痛苦和压力，特别是她的声音和表情，并能在几毫秒内感受到气氛的变化。孩子的生理、心率、迷走神经张力（见第27页）和皮质醇水平的变化对他们的睡眠、饮食、排泄甚至免疫系统都有不利的影响。一些11～17个月大的孩子与抑郁的母亲进行玩耍互动时，他们大脑中负责接触情绪（向另一个人接触和移动的欲望）的部分并没有激活，因此他们不太可能寻求母亲的注意。研究人员发现，当母亲被要求茫然地看着婴儿时，婴儿会被那张面无表情的脸吓到，他们的压力水平会飙升。到4～7岁时，孩子的大脑中仍然会表现出较高的皮质醇水平，这可能会导致孩子在以后出现心理健康问题的风险更大。

案例——爱的竞争

情感压抑的父母无法与非常温暖亲切的保姆竞争，保姆总是会在孩子哭泣时用慈爱的双臂将他抱起（在孩子痛苦时深深地理解他）、将他抛向空中、让他一圈又一圈地旋转、给他挠痒痒（在共同的快乐状态下）。如果你有这样一位保姆，对于你的孩子来说，在塑造他未来的情绪健康并反复激活他大脑中的“关怀和玩耍”系统方面，将是一份多么美好的礼物。

缺乏与母亲的情感互动，特别是在生命初期的几个月，这样的孩子到了青少年时期皮质醇水平更高。在某些情况下，这会导致他们社交能力下降和更多的心理健康问题。产后抑郁的母亲的孩子也更容易患上抑郁症。

如何纠正情感协调

通过良好的治疗或心理咨询来改变你的大脑生化图谱永远不会太迟，因为成年人的额叶和压力调节系统可以像孩子一样改变。可以适当寻求心理咨询师的帮助，他们可以和你进行协调，在情绪上调节你，帮助你处理和度过痛苦的经历。研究表明，如果父母能得到帮助，并在3个月内有所改善，对他们的孩子也非常有好处。在你调整期间，需要有一个孩子熟悉、经常见面并且情绪良好的家庭成员向孩子提供安全依恋，并确保孩子的情绪良好。

孩子的困难时期

当孩子因为生活变化而痛苦时，比如，家庭破裂、失去亲人或弟弟妹妹出生时，会发生什么？或者因为父母抑郁、酗酒、患长期疾病而感觉失去了父母时，会发生什么？本节将具体讲述如何用爱意调节孩子的悲伤或痛苦，并帮助他们恢复幸福。

正如我在前几章中所讲，与我们所爱的人在一起时触发的阿片类物质可以让我们感觉我们的世界完美无瑕。当我们失去了这份爱，或是感觉这份爱受到了某种威胁时，那种幸福感就会完全消失。

孩子在悲伤和失落时，大脑里会发生什么？

从神经化学的角度讲，悲伤是因为大脑关键部位停止释放阿片类物质，并降低其他纽带化学物质（催产素和催乳素）的水平而造成的。这会导致消极情绪的增加和积极情绪的减少。就像我们看到的一样，当这些纽带化学物质在大脑中处于最佳激活状态时，它们可以减少我们的焦虑、恐惧和压力反应。但当阿片类物质停止释放时，恐惧和压力就无法调节，可能会卷土重来，通常表现为持续的焦虑。

当一个孩子感到失落，他的低位脑中的惊慌/悲伤系统会被强烈激活。这是一个处理分离、痛苦、忧伤和孤独的系统，它会激活大脑的疼痛中心。惊慌/悲伤系统的关键神经递质是一种名为谷氨酸的化学物质。悲伤会激活过高水平的谷氨酸，大大增加哭泣的次数，也会让人感受不到任何事物（比如音乐和朋友陪伴等）带来的安慰感。

通过对黑猩猩等灵长类动物孤儿的观察，我们可以了解它们童年时心碎的痛苦，这些幼崽可能在失去母亲几周后因悲伤而死亡。它们完全有能力自己活下去，但它们无法承受那种悲伤。人类也是如此。当孩子们经历可怕的悲伤时，他们可能也想放弃，不想再活下去了。统计数据显示，在英格兰5～16岁的儿童中，约有5%的人经历过父母、兄弟姐妹或亲密朋友的死亡。丧亲是年轻人自杀的主要原因之一。此外，经历过朋友或家人突然死亡的人，发生自杀的可能性比自然死亡的可能性高65%。

“我的世界破碎了”

除了因死亡或离婚而陷入失去父母的痛苦，父母在身边却没有提供足够的爱，也会伤透孩子的心。断断续续的父母之爱（上一分钟充满爱意，下一分钟感情疏远），使孩子大脑中被激活的阿片类物质浓度就像过山车一样变化激烈。他们可能会陷入强烈的阿片类物质激活与中断的循环中，这种循环会唤醒孩子强烈的渴望，并让他们经常缠着父母。这可能会导致他们在未来生活中经历折磨的爱。

思考

当一位富有同情心的老师花时间倾听和帮助悲伤的孩子时，会使他们的成长远离失败。有时，孩子更容易与老师或辅导员交谈，而不是与家长交谈，因为担心"如果我谈论爸爸的离开，只会让妈妈感到不安"。

当孩子们从愤怒走向失落

我们偶尔会听到，有儿童或年轻人在失去亲人后犯罪或发生反社会行为。遭受创伤的孩子会通过愤怒来抵御痛苦，愤怒是一种比悲伤更容易产生的情绪。当我们仔细观察人心碎时的大脑化学反应，我们可以看到悲伤会导致阿片类物质的戒断。由于阿片系统参与情绪状态的调节，阿片类物质戒断意味着我们会感到愤怒和焦虑，而无法正确调节我们的情绪。阿片类物质和催产素都是强大的抗暴力分子，因此它们的戒断会导致更多的愤怒并激活其他化学物质。

- **促肾上腺皮质激素释放因子**：高水平的促肾上腺皮质激素释放因子会阻止积极的唤醒化学物质（多巴胺、血清素和去甲肾上腺素）的释放，这类化学物质水平的降低会引发烦恼、愤怒或暴力。
- **乙酰胆碱**：当阿片类物质激活中断时，"对抗性力量"会在大脑中释放。其中包括一种名为乙酰胆碱的高水平化学物质。正常水平的乙酰胆碱有助于我们集中注意力和保持警觉，但如果水平过高，它会让人愤怒、充满敌意，或者经常被激怒。

改变大脑的化学物质

如果一个孩子陷入因爱生恨或悲伤之中，可能会产生长期的行为问题和学习困难等严重后果。研究表明，囚犯经历丧亲之痛的比率远高于普通人群，大多数囚犯遭受创伤后，无法克服悲痛情绪。

许多心碎的孩子表现得愤怒而暴力，是因为他们的大脑化学物质发生了变化。可悲的是，社会很容易憎恨那些因心碎而陷入愤怒之中的孩子，并希望将他们排除在学校或世界之外。这样的孩子需要帮助，而不是惩罚。但愿公众能够更加了解失去心爱的父母或失去爱所导致的儿童大脑的急剧变化，并提高社会的同理心水平，促使政府机构为那些因丧亲、分居、酗酒或吸毒而失去父母的孩子提供更多的咨询和治疗资源。

关爱和关注的重要性

如果在生活中有人能看出一个悲伤的孩子的痛苦（即使他非常善于掩饰）并给予安慰，这个孩子完全有机会成为一个情绪稳定的成年人。负面的大脑化学反应可能会让孩子在以后的生活中充满敌意、攻击、暴力，长期抑郁或焦虑，这都是没有必要发生的。对悲伤的孩子进行身体安慰会使他的大脑释放阿片类物质和催产素，令损害大脑的有毒化学物质失效。这就是为什么对于遭受丧亲之痛（即使表面上看起来很好）的孩子来说，得到充满爱意的关注是至关重要的。学校尤其需要注意那些失去父母的孩子，或者他们认为可能在家里遭受折磨之爱的孩子，在适当的时间为这些孩子提供帮助，往往可以提早结束可能会持续多年的痛苦。

弟弟妹妹带来的“痛苦”

看着一个年龄较大的孩子带着一个新生儿，你可以感受到这个孩子在看到曾经属于他的东西现在却属于他的弟弟或妹妹的痛苦。你永远不该低估后面的孩子给前一个孩子带来的痛苦，以及随之而来的混乱。他的幸福感可能会完全丧失，并且可能会暗中认为“自己对妈妈来说没有弟弟或妹妹那么可爱”。

弟弟妹妹的到来可能会给第一个孩子带来很多种感觉，比如，看着母亲与另一个也有权利获得母爱的“对手”相互关爱的痛苦。心理治疗师魏宁格（Weininger）描述了这种痛苦之爱的本质：“这两个人拥有我想要的东西，但他们把我想要的东西都给了对方，而不是我。”大脑扫描证实，身为“局外人”的感觉会激活大脑中的疼痛中心。因弟弟妹妹而产生的痛苦之爱会让大的孩子产生攻击行为和冲动行为，因为这种局外人状态会导致大脑中的阿片类物质中断释放，影响重要的情绪稳定系统，同时还会增加大脑其他化学物质（见第104～105页）。因此，有了新生儿后，年长的哥哥姐姐会出现各种各样的行为问题，包括行为倒退、再次尿床、焦虑、充满攻击性，以及在学校的同学关系或学习中出现问题。

帮助你的大孩子

你的孩子不会走到你面前对你说：“我觉得你更喜欢弟弟（或妹妹），这让我心里感到很难过。”相反，儿童的情感会表现在他们的行为上。因此，一个孩子可能会通过伤害他的弟弟妹妹，变得叛逆或喜怒无常来向你表达他的痛苦。

为了帮助孩子，你需要仔细观察他，并对他看到你与另一个孩子相处愉快的时刻保持高度警惕。如果他对弟弟妹妹的到来感到痛苦而有打架的行为，请和他谈谈。如果他觉得很难讲清自己的感受，你可以在家中准备一个玩偶家庭来帮助他“描述”难受的感觉。以下是一位母亲想到的与孩子谈论弟弟妹妹的方法。

这位母亲用布袋玩偶来帮助劳拉不再害怕她的弟弟乔治。她问劳拉是否愿意玩一个游戏，并选择一个玩偶。劳拉给自己选了一只海豹，给妈妈选了一只棕熊。妈妈告诉她，如果“海豹”说的符合她的感觉，她就“竖起大拇指”，如果不符合，就“拇指向下”。妈妈每只手上都有一个玩偶，进行着对话。“海豹”说：“嘿，棕熊，在小乔治出生之前，情况好多了。你只有我一个宝宝。有了乔治以后，我感觉心里很难过。”劳拉非常明确地竖起了大拇指。“棕熊”回答说：“听到你心里这么痛苦，我真的很难过。小海豹，你真的很勇敢，可以告诉我这一切。你是我最特别的小海豹，小乔治永远不会取代你在我心中的特殊地位。我非常非常爱你，如果我有时忘了告诉你我爱你，我真的很抱歉。”“棕熊”给了“海豹”一个大大的拥抱，并亲吻了它的鼻子。

像这样的同理心对话很可能会激活孩子大脑中的阿片类物质，让他们感到非常安全。因此，劳拉不再对她的弟弟有那种富于攻击性的冲动。

思考

当对弟弟妹妹的兴奋感和新鲜感开始消退时，大一点的孩子可能会出现痛苦的情绪，比如：

- 觉得自己是母亲和新生儿的局外人；
- 觉得自己是不受欢迎的那个人；
- 与竞争对手相比，觉得自己配不上母亲的爱；
- 觉得被忽视；
- 觉得没有得到足够的爱；
- 觉得“我在母亲心目中的地位非常不稳定，我和她的关系非常脆弱”。

处理仇恨

父母需要认真对待兄弟姐妹之间的争吵，这非常重要。如果双胞胎或兄弟姐妹在父母离开时不得不面对莫名其妙的仇恨，那么他们的大脑发育肯定会遭遇潜在的风险。人脑天生就可以快速适应环境，特别是在出生后头几年大脑正在快速成形的时候。经常受到攻击的孩子，他们的大脑会很容易适应被欺凌的世界，并接受在这样的环境中持续生存（见第146～149页）。

爱孩子永远不会太晚

父母一视同仁地爱自己的孩子只是一个美好的愿景，他们会以不同的强度和方式爱着每一个孩子。如果你发现你给了一个孩子更多的爱，那你就应当以特殊的方式积极地与另一个孩子重新建立联系。日常生活中，请规划好每周和每个孩子的一对一时间，比如由孩子主导的游戏或是参观公园、动物园。

有时候，爱一个孩子是很难的。你可能正处于消极状态中——非常愤怒，或是把你的孩子视为敌人。当然，孩子们也会感知到你的愤怒、疲惫和情绪极度失调。也许你曾是家里不受欢迎的孩子，所以你正不知不觉地对你的一个孩子重复这样的行为。如果是这样，你需要做的是与那个孩子共情，而不是一味地批评他。当你和孩子在一起时，如果大脑中的纽带化学物质没有被强烈激活，你就无法感受到对他的爱。你需要了解是什么阻碍了你低位脑的关怀系统。如果你认为你的童年正在影响你对孩子的爱，你或许可以试试亲子关系咨询与指导。

案例——魔法石

罗南对他的弟弟越来越咄咄逼人，却无法说明他的感受。他的妈妈给了他一块特殊的石头，并告诉他，如果弟弟越来越引起妈妈的注意，他对此很生气的话，就把石头放进妈妈的口袋，这块石头会暗示妈妈给罗南一个特别的微笑和抚触，并花更多时间和他单独在一起。罗南尝试过之后，妈妈赞扬了罗南，并以一种温暖且充满爱的方式做出反应，罗南的大脑中再次激活了阿片类物质、催产素和催乳素，果不其然，罗南不再想打架，也不再吓唬他的弟弟。

要点

- 要在一生中平和地爱孩子，孩子只有在父母无条件的爱中才能感到安全。
- 如果孩子拥有的是折磨之爱，可能会对他建立持久关系的能力产生长久影响，但改变这一点永远不会太迟。
- 与孩子进行一对一的高强度有爱互动，是孩子建立自尊的基石。
- 作为父母，意识到自己的情绪协调出现了问题需要修复时，应该知道对孩子说对不起。
- 花时间去想象孩子的痛苦感受，可以加深你和孩子之间的情感纽带。
- 心碎的孩子需要父母的同理心来重新激活那些能带来幸福感的积极的大脑化学物质。

第五章

动力与意志的化学反应

本章重点关注孩子的低位脑中的探索系统，无论现在还是将来，它都是孩子热情地走向世界的动力所在。作为父母，你可以对这一系统产生至关重要的影响。如果你的孩子想要在以后的生活中找到动力和意志去做他想做的事，并在他的工作、生活和所热爱的兴趣中获得长期而深刻的满足感，那么他大脑中的探索系统就需要处于最佳的激活状态。

探索系统

低位脑中包含着一个探索系统，它是七类遗传性基本情绪系统之一（见第29～33页）。当它运转良好时，是一个超级有效的“进取系统”。它可以激活探索新事物的能量、激发好奇心、激发对某事的浓厚兴趣，以及实现目标的持续动力。

如果你的孩子想要实现他的梦想和雄心壮志，并找到实现目标的毅力和恒心，他就需要以上这些重要的技能。在《哈佛商业评论》的商业成功关键品质排行榜上，排在首位的永远是“高质量的动力与精力”。

所有哺乳动物都拥有探索系统，如果情绪健康，它们就可以拥有充满活力的生活、探索的冲动、好奇心和进入新世界冒险的欲望。人类与其他哺乳动物的不同之处在于，当我们高位脑的额叶与探索系统以一种协调的方式运转时，能激发令人难以置信的创造力，并让我们享受真正有意义的长期满足感。低位脑和高位

试试——和孩子谈谈

激活孩子的探索系统的一个绝妙方法是与他谈论新的有趣的事情。因为你的兴趣、好奇心和被强烈激活的探索系统也将激活孩子大脑中的多巴胺分泌。在郊外或花园里，花时间和你的孩子谈谈你所看到的事物。告诉他你的兴趣爱好，你会惊讶于他的理解能力。

脑之间的创造性结合掌管着许多人类活动，从孩子想要建造一座宏伟的沙堡，到成年人将餐厅里讨论的一个想法变成一个惠及众生的成功企业。

探索系统如果能在人的童年时期被激活至最佳状态，可以极大提高成年人的以下能力：

●追寻自己的梦想和想法，让其成为现实。

●追求那些远比为自己谋利更伟大的目标。

●利用好自己的天赋和能力，知道自己对世界产生了哪些积极的影响，并感到非常满意。

●提出想法，并有动力和动机去追寻。如果这些想法涉及其他人，他们也会有能力成功地联合他人一起参与这个创意项目。

总之，每个人都在寻找做事的动力和精力，以及坚持到底的毅力和决心。

多巴胺是最大的“开关”

探索系统涉及许多神经化学物质，但多巴胺是启动一切的“开关”。它从伏隔核投射到整个额叶，用来激发有趣的想法、好奇心、动力和意志。因此，探索系统在唤醒额叶的认知区域上特别有效，这就是为什么我们可以激发自己去思考事物的可能性，以及我们在当下和未来想做什么事的想法。这与抑郁状态完全相反！

为成功而振奋

正如雅克·潘克塞普教授所说：“大量的多巴胺突触被激活时，人会觉得自己无所不能。”多巴胺不仅能让孩子产生很棒的想法，而且还能让其设定明确的目标，并将之贯彻到底。如果孩子的探索系统在亲子关系中处于最佳激活状态，孩子的大脑很可能会习惯并保持最佳的多巴胺水平（见第88～91页），而且能与探索系统中的其他关键化学物质（阿片类物质和抗焦虑、抗攻击化学物质）结合在一起。

支持探索系统

探索系统就像肌肉，它被激活得越多，它就会变得越来越强大，特别是在儿童时期，它影响着孩子的人格。本节详细说明作为家长的你，应如何以最佳方式激活孩子的探索系统！但首先，我想解释一下，如果没有经过“锻炼”，探索系统会发生什么。

锻炼不足的探索系统

如果孩子连续几小时懒洋洋地看电视，或者长时间在iPad（平板电脑）或手机上看视频，他们的大脑探索系统就会变得不够活跃。研究表明，英国儿童平均每周看28小时的电视，由此导致的多巴胺水平低可能会让他们变得拖延、思维缺乏创造性、无精打采。在2022年，英国有超过70万名16～24岁的年轻人没有参与过教育、就业或培训（他们被称为“尼特族”）。这么多人没有得到足够的支持，无法让他们的探索系统帮助他们实现梦想和计划，或者是寻找一个梦想，这确实令人非常震惊。

被恐惧阻挡

可悲的是，一些父母无意中不但没有支持，甚至阻碍了孩子的探索系统，并没有意识到它有多敏感，因为这是一个需要得到极大尊重的系统。

如果父母非常挑剔或是完美主义者，孩子的恐惧系统会阻碍其探索系统的发育。孩子生活中的压迫者或阻碍者（无论是在家里还是在学校）都有着可怕的力量。他们不只是父母或老师，也可以是兄弟姐妹或亲戚。孩子的探索系统很脆弱，尤其在面对成年人批评或成年人对自然探索冲动给予恼怒回应时。

- **命令**：“别那样做！”
- **消极指导**：“你把章鱼画错了。看，你漏掉了一条腿，现在再重画一次！”
- **太多的“不”**：“不，给我停下来，你把颜料弄得地板上到处都是！”
- **批评**：“别把颜料弄得这么乱，把它收拾干净！”

被责备的羞耻感会触发大脑的恐惧系统。研究表明，当孩子感到羞愧时，他们的大脑和身体的反应与被打时相同。身体会像受伤时一样激活炎性细胞因子，这就是它的可怕之处。身体过度或不适当地产生某些细胞因子会导致疾病，例如，关节炎、皮肤病和自身免疫性疾病。

缺乏动力

当恐惧系统被激活时，应激激素会取代多巴胺，而多巴胺水平较低的成年人或儿童可能会感到抑郁，对生活保持“不想被打扰”的态度，缺乏动力，更容易拖延。他们可能无法集中注意力，缺乏将某件事坚持到底的意志，对未来没有清晰的愿景，经常中途放弃做某事。由于无法发自内心地对大部分事感到兴奋，多巴胺水平低的人更容易通过吸毒和其他高风险行为进行自我治疗，以提升情绪。青少年服用兴奋剂是为了追寻“正在健康的探索系统中积极行动的感觉”，而可卡因会产生“一种高度活跃的精神力量和融入世界的状态”。

缺乏多巴胺的父母，特别是那些因为自己的愤怒、恐惧或惊慌/悲伤系统阻碍了自身探索系统的父母，也会无意中阻碍孩子的探索系统。而这些父母往往压力过大或情绪过低，从而无法正常地陪孩子一起玩。

暴力电视节目和电子游戏会影响孩子的大脑吗？

4000多项研究结果表明，儿童经常观看暴力电视节目，与攻击和暴力行为、学习成绩较低，以及在性别、种族和年龄方面的不寻常行为之间存在一定的联系。孩子看暴力电视节目时，他大脑中的运动编程区域经常被激活，这意味着孩子正在脑中排练他观看的暴力行为。大脑中探测威胁的部分也会被激活，对惊悚电影的记忆可以像现实生活中的创伤事件一样记在大脑中。经常玩以伤害游戏角色为主要目的的暴力电子游戏也与攻击性呈正相关。相比之下，研究表明，在团队中拥有积极的创造性体验会带来兴奋感，因为大脑会激活多巴胺。

探索系统可以在孩子长大一些后激活吗？

很遗憾，对于许多人来说，如果在童年时期没有真正激活探索系统，成年后就很难激起对生活的热情。一个小时候只能看电视或做家庭作业的人不会有一个强大的探索系统，这一遗憾将伴随他们一生。然而，如果一个人在生活中突然面临危机或冲击，比如一段时间的重病、失去一份稳定的工作，或是遇到了一个充满活力的新人，这就像一记警钟，可以让这个人第一次尝试激活探索系统的“肌肉”。

育儿方式可以激活孩子的探索系统

为了在童年时期将孩子的探索系统激活至最佳状态，你需要尽可能为孩子提供最丰富的人际关系和环境条件（见第124～128页）。过去，许多家长没有意识到强化孩子的探索系统有多么重要，而那些意识到这一点的家长又认为可以把这件事丢给学校去做。但学校（尤其是中学）更看重学业成绩，往往无法为人际关系或需要一对一的活动提供最佳条件，以激发孩子的动力、激情和毅力。探索系统的最佳激活方式是在一对一（父母的评论、相应的积极情绪和赞扬）的基础上进行协调，让孩子能够在游戏任务或心流状态（见下页）中保持精力充沛。许多父母从来没有这样和他们的孩子一起玩，结果导致很多孩子在平凡的生活中长大，而

案例——无聊的海滩

特德带着他的儿子贾登去海滩。他一到地方就下车拿出报纸，告诉贾登自己去玩。贾登自己玩着沙子，捡起几块石头互相击打，然后站在海岸边玩水。15分钟后，他告诉爸爸想回家。如果爸爸没有一些在海边玩耍的好点子，贾登大脑中的探索系统就很难被激活，它需要帮助才能开始。

还有一次，这家人的朋友萨莉也来了海滩。萨莉拿了水桶和铁锹，她向贾登展示如何做沙堡，如何挖出一个大坑，如何做一辆沙车坐在里面。她还带来了几辆小卡车。贾登急切地把它们捡起来，绕着他的沙堡开着他的小车。当贾登全神贯注于他的游戏时，萨莉可以放松一下，看看书。

没有实现他们可能成就的非凡生活。

思考

探索系统被强烈激活的孩子，无论到哪里都会找机会玩耍！家长、照顾者和老师可以通过提供一个拥有空间、玩具、设备以及想法（最重要的一点）的“丰富环境”来激励孩子。

关键角色激活探索系统

你的孩子对周围世界的兴趣和好奇心来自你，鼓励他从小进行探索和实验、指出世界的奇妙之处、不停地说：“哇，看哪！”当你们在公园里、商店里或在家里玩耍时，和他多聊聊。

然而，由于一些父母自己的童年经历（对创造力的支持太少、太过羞耻或沮丧），他们并不擅长提高孩子的多巴胺水平。如果你也是这样，那就在你孩子的生活中找到另一个关键的成年人，他应当是一个很好的“多巴胺激活剂”，并可以定期和孩子玩探索游戏。对于青少年来说，只要他们能遇到那些自身探索系统运行良好并能激励他们的成年人，什么时候都不算晚。研究表明，30岁之前在校内外都得到成年人鼓励的人，不太可能没有好的学历，也不太可能会抑郁、单身、分居或离婚、居住于福利房、低收入或犯罪。

“让我们一起”态度的重要性

“让我们一起×××”是真正自发形成的集体活动。当你和孩子一起玩的时候，你们在塑造一种“共同玩乐”的关系。“让我们一起×××”可以是任意活动：比如，“我们一起做一个沙堡吧！”或“我们一起用被子搭个窝，在里面喝茶吧！”

帮助你的孩子保持心流状态

心流状态是一种几乎毫不费力但高度集中的意识状态。当某人全神贯注于一项任务，热情地完成它，以至其他一切想法（包括时间感和对失败的担忧）都消失了，就会出现这种状态。人在这种状态下会体验到一种堪称狂喜的快乐和满足，所有任务都可以毫不费力地完成。

如果你看到你的孩子处于心流状态，最好让他保持住。要做到这一点，最有效的方法之一是跟随着他的探索活动，给予评价、赞扬，并提出建议。例如，如果他在厨房地板上用面粉和水做神奇的药水，不要说："看，你把地板弄得一团糟，现在就把它清理干净！"取而代之的是，你可以铺开一些报纸，给他一些道具，比如水壶、碗、勺子，或是把更多的米、水或麦片加到他的药水中，支持他的心流状态。

陪伴玩耍

你可能会想："为什么我的孩子需要我呢？他看起来自己也能玩得很开心。"当然，有时候独自玩耍是非常重要的。它让你的孩子有时间脱离一切联系，按照自己的节奏在自己的时间里用"感官"参与活动、发展自己的想法，并了解自己可以做的事。但这并不是非此即彼的。孩子们既需要独自玩耍，也需要有成年人陪伴的玩耍。陪伴玩耍的关键是保持注意力，用大脑生化

试试——户外活动

所有年龄段的孩子都享受他们在户外获得的空间和自由感，你可以向孩子展示如何在现有的环境中进行探索和寻找乐趣。

一开始，他可能需要一些建议，比如，"你能爬上那个土丘吗？"或者"那个灌木丛看起来像个小房子。"一旦受到启发，他就可以快乐地忙上几小时。

术语来说，就是保持多巴胺在大脑中的流动，使注意力、创造力和想象力的“状态”成为“个性特征”。

2岁的孩子独自玩耍的注意力时长通常在15秒～2分钟之间。许多年幼的孩子如果没有你的建议、展示、评论和协调，就无法开始一项活动，或是无法在一段时间内保持全身心的投入——换句话说，孩子需要利用你的多巴胺系统。例如，把一个2岁的孩子放在沙坑旁的一大堆玩具前面，他很可能只坐在那里。但如果你和他一起走进沙坑，教他如何使用这些玩具，他就会自己玩起来。

想象下3岁孩子的父母高兴地第一次看到孩子在自己的“小世界”里独自玩耍。小男孩表演了一段牙刷、香蕉和他的宠物青蛙之间的对话。真棒！然而，这可能只会持续1分钟左右。如果你倾听他的话，通过观察、评论和进入角色表演来延伸他的想法，带着对他想法最大的尊重和兴趣，他会体验到那种真正进入梦幻世界的奇妙感觉，因为你和他一起“旅行”过。这将极大提振他的自尊心！以这样注重语言探索的方式陪玩被证明可以发展孩子的注意力及其探索、语言和社交技能。

在幼年时期，为了充分发挥想象力，孩子需要利用你的多巴

试试——这样评论

当你的孩子正在进行一项活动的时候，在旁边评论他正在做的事有助于保持他的兴趣。这让他觉得自己可以让这个世界上发生有趣的事，让他觉得自己很重要，他正在做的事值得继续下去。

胺，借用你复杂的额叶来发展他的想法，并帮助他一直保持注意力、参与度和专注力。因此，成年人陪玩可以带领孩子开发更深层次的想象力、创造力，拓展游戏主题。另外，研究还表明，孤立会阻碍探索系统。从丰富的环境（见第124～128页）中有所收获的前提是所玩的游戏不是令人感到孤独的。

“评论”的重要性

与其从一个正在做某事的孩子身边走过（想着：“哎呀，他终于可以自己玩会儿了！”），不如用一种被称为“评论”的关键交流策略来支持他正在做的事（见第180～181页）。你可以描述他正在做的事：“啊，原来你正在玩水，啪！咻！”（回应他的声音或动作），或是说：“你堆的石堆真漂亮！”而不要问问题（你在干什么？你在画什么？），这会打断孩子的心流状态，因为他必须中断自己的心流状态才能回应你。由于孩子的额叶功能仍不发达，他不回答你的问题并不是没有礼貌，他只是不能像成年人那样迅速地转移注意力。评论有助于保持孩子的兴趣，对培养他的自尊心至关重要。

父母要疯狂、有趣、兴奋一点

如果你和孩子陷入了冲突，你可以通过陪玩、幽默和一点点超现实主义来化解它——利用你的创造性心流，这被称为“横向交易”。例如，如果你的孩子说：“我不要去床上！”你可以回答说：“你愿意骑在我的背上去床上吗？就像骑着太空船/恐龙/香蕉船一样？”不要惩罚那些会带来混乱或冲突的探索行为，只需温和地将孩子重新引导到其他活动中即可。

最佳环境

有一种特殊的脑科学研究叫作“丰富环境研究”，它研究环境对大脑的影响。研究发现，以多种方式吸引孩子的特定情景（见下文）不仅能以最佳方式激活孩子的探索系统，还能带来惊人的积极的大脑变化。

什么是丰富环境？

丰富环境是在以下几个方面都能充分吸引孩子的环境：

•认知的（孩子可以思考）；

•身体的（孩子可以运动）；

•社交的（孩子与你和其他人联系起来）；

•感官的（孩子所有感官都被唤醒——触觉、视觉、听觉、嗅觉和味觉）。

无论是成年人陪伴的“脏玩”游戏（开放式的感官游戏，不限于沙子、水、颜料、面粉等材料），还是你为他创造的“迷你世界”，只要你能通过评论和模仿他的行为来支持孩子，让他保持在心流状态中（见第120～121页），这些活动都属于丰富环境。在你对这些活动的支持下，以上四个基本要素都可以达成。

大脑会发生什么变化？

研究发现，如果只是满足四个关键因素中的一个或两个，并不能带来积极的大脑变化。丰富环境对大脑有惊人的影响，例如：

•降低应激化学物质水平。

•使焦虑儿童变得不那么焦虑（并停止过去的压力产生的持续不利影响，如母体产前或产后压力）。

“我们要去月球了”

提供物品来鼓励孩子进行创造性的游戏，教他如何骑着扫帚飞上月球、如何寻找精灵、如何建造城堡，他很快就会被迷住。简单的“玩具”，如锅碗瓢盆、一碗水或一盘沙子，通常都是一个好的开始。没有必要准备那些昂贵的人造玩具。一旦游戏开始，孩子就会找到自己喜欢的玩法。想办法刺激他的感官，像玩泡沫这样简单的游戏真的能吸引孩子，只需要使用儿童沐浴液做泡沫就好。

试试——迷你世界

孩子们喜欢探索迷你世界。选择能激发孩子想象力，便于自由玩耍的玩具，在桌子上的一个小托盘上创造一个世界，或者买一个更大的带有支撑的独立托盘，这样几个孩子就可以一起玩了。

• 使新的脑细胞开始生长（神经发育）。在一项有趣的研究中，研究人员给一些大鼠提供了一个丰富环境：攀爬管道和跑轮、新颖的食物、大量的社交活动。2个月后，这些大鼠的海马体两侧各多长出了50000个脑细胞。

• 触发分泌惊人的大脑养分。

长期益处

海马体是孩子大脑中与记忆相关的关键系统（见第19页），它对孩子的学习能力至关重要。我们从动物研究中了解到，在丰富环境中玩耍和新突触连接发育之后，海马体可以激活更高水平的大脑养分。

研究表明，早期经历过逆境，但在3～5岁时经历过幼儿园丰富环境干预的儿童，成年后在社交、情感和学业上比没有经历过逆境的儿童表现得更好。他们在11岁时接受了脑电测试（测量脑电波模式）和皮肤电导测试（测量身体唤醒水平），结果显示他们的注意力、专注度和平静生理状态都比小时候要好——这是良好的决策、情绪处理和社交的关键。

为儿童创造丰富环境

要想创造丰富环境，你提供的活动或玩具必须让孩子感到陌生。如果你每天都使用同样的玩具，它们就不会那么有效。我们从对黑猩猩的研究中发现了这一点：给它们一根香蕉，它们的多巴胺系统就会触发。如果继续给它们香蕉，最终它们的大脑中只会有非常微弱的多巴胺活动，甚至它们会远离任何香蕉！你会发现孩子对玩具也是这样。你兴奋地带回家一个新玩具，你的孩子很想玩它，但两天后它就被抛弃了。你会感到不满，你在这份体贴的礼物上投入的努力和金钱对你的孩子来说似乎已经没有了任何价值。

不过，准备新活动并不是让你一直去买新玩具。有一些好方法可以创造新的有刺激性的脏玩游戏和迷你世界，还不用花什么钱。例如，你只需要购买一个巨大的塑料黑色底盘，然后每周用玩具动物和自然玩具（比如木头、石头、树叶、食物等）创造一个不同的世界，没有必要花很多钱。孩子们喜欢玩水，或是给米饭或意大利面染上食用色素。以下是一些其他想法：

- 雪景（使用假雪，或是人造泡沫）；
- 农场场景（用切碎的麦片来制作干草或稻草）；
- 沙滩场景（上面有沙子和动物）；
- 恐龙世界（用玉米片制作）；
- 疯狂泡沫或果冻浴世界，里面藏一些东西（如玩具或塑料动物）。

我的孩子就不能和其他孩子一起玩耍吗？

一些四五岁的孩子（特别是那些从成年人陪伴游戏中受益的孩子）有时可以快乐地在他们的迷你世界里玩20多分钟，直到他们开始打架，他们可能会发动一场玩具战争，或是有一个孩子失去了兴趣。孩子们之间的迷你世界或脏玩游戏对社交技能（比如给予和接受、倾听另一个孩子的想法）的发育很有帮助。

5岁以上的孩子在他们自己的想象力游戏中表现得更好。他们可以在不需要父母的情况下，在相当长的时间内共同保持心流状态，并发展出游戏叙事能力（如果父母在早年间进行了大量的陪伴游戏，就更会如此）。

但是，即使孩子们能够很好地用想象力、专注力和创造力一起玩耍，亲子陪伴游戏也会为动力、意志和创造力的发展增加一个不同但至关重要的维度。

孩子没有成年人那样成熟的额叶发育，与社交商较高的成年人一起玩耍，孩子会从对方那里获得良好的协调能力（使用声音、文字、语气、动作）、敏感的评论、对其想法的肯定，以及每时每刻的游戏叙事。从这个意义上说，父母是天生的游戏治疗师。

一项重要研究分析了93项游戏治疗的成果，效果最好的游戏并不是来自治疗师在治疗室里与孩子的游戏，而是教会父母在家庭环境中与孩子一起玩孩子主导的游戏（评论、参与、跟随孩子的主导、角色扮演、适当的赞扬，以便保持孩子在任务中的精力投入）。换句话说，父母可以对孩子的探索系统给予最好的支持。此外，通过参与孩子的幼年生活（从出生到5岁），你也可以支持孩子将他的想象力发育成一项重要的生活技能。

试试——百宝篮

百宝篮非常适合6～18个月大的婴儿。儿童心理学家埃莉诺·戈德施梅德（Elinor Goldschmeid）创造了“启发式游戏”一词，用来形容给婴儿提供自然玩具玩耍。她认为，塑料物品无法像天然物品那样刺激到婴儿的感官。

所以，为你的宝宝准备一个特别的篮子吧。用纸板、木头、橡胶、毛皮、棉花做成有趣的形状，然后把它们放在篮子里，再放一些夹子、锅碗瓢盆、沙包、贝壳、丝带、羊毛、松果、刷子——但别放任何塑料物品。以一种平静协调、准备表达意见的方式坐在宝宝身边，看着他捡起玩具，在他这样做的时候加以评论和赞扬。

如果你还有很多别的事要忙（“别再给我加任务了！”），那你可以购买现成的篮子。

要点

• 在孩子幼年时期，有成年人陪伴的游戏环境中，为孩子提供大量富有想象力的探索性活动，有利于发展他大脑中的探索系统。当这一系统运行良好时，孩子会对生活充满兴趣、好奇心，以及将其创造性想法变为现实的动力和意志。

• 作为父母，我们可以很容易地粉碎孩子的意志、扼杀他们的探索冲动，比如，劝阻、过多的命令、拒绝、令人害怕或令人羞愧的规矩。

• 每周创造新的丰富环境比买新玩具要好得多——脏玩游戏，或用自然玩具、迷你世界里的动物和角色创造的小游戏。这将在认知、身体、社交和感官方面刺激孩子的发育。

第六章

孩子的社交商

建立有意义的人际关系是幸福和心理健康的基础。可以说，我们与他人相处的质量将成为决定生活质量最重要的因素。我们通过与他人的关系来发展自己。本章从神经科学的角度阐述如何确保你的孩子在长大后能够维持充满爱意的人际关系，而不是生活在破坏性或痛苦的关系中。

发展社交商

与他人和睦相处需要社交商——这与聪明毫无关系。有许多非常聪明的人，他们的社交商很低，因此他们很难维持令人非常满意的、亲密的、长期的关系。

此外，有些人与他人的关系比较平淡、枯燥、缺乏幽默感，对与他们交谈的人缺乏好奇心；他们通常是对别人说话，而不是听别人说话。这些人可能很会赚钱，但他们的个人生活往往不尽如人意。另外，商界研究表明，最成功的领导者并不是最有进取心或最有决心的人，而是那些最能在社交上照顾他人感受和需求的人。并没有什么社交商基因，要想让孩子成为一个具有社交能力的人，你需要向他提供帮助。

许多人没有得到他们需要的支持

你需要各种各样的人际关系技巧和社交商来维持、培养和发展美好的亲密关系。数百万人做不到这一点。换句话说，他们童年时从父母那里学到的社交商和关键的人际关系技能对他们并没有帮助。英国国家统计局的数据显示，在英国，一半的儿童来自离异家庭，四分之一的家庭是单亲，四分之一的孩子因家庭破裂而承受压力，还有同样数量的孩子只能看着父母吵个不停。此外，研究表明，质量不佳的亲密关系对健康非常不利。但是，独自生活也不是解决办法，因为孤独对免疫系统有很大的影响，与肥胖一样致命，对健康造成的危害与每天抽15支香烟一样大。

孩子需要父母的帮助

对他人的情绪暗示做出回应是社交商的关键。研究表明，当一个11岁儿童能从父母那里收到对自己感受的良好回应时，他更有可能良好地回应另一个孩子的感受。因此，如果孩子想要发展关键的人际关系技能，作为父母，我们需要向孩子做出“示范”。这不仅包括你与孩子的相处方式，也包括帮助他与你、与他的兄弟姐妹以及其他人相处。你需要向你的孩子证明，你具备以下技能：

- 你可以被他人的痛苦触动。
- 当你对某人感到非常生气时，你可以反思而不是做出回应，并考虑你在所发生的事中所扮演的角色，而不仅仅是批评和指责。
- 你可以修复破裂的关系。
- 你可以用一种让对方感到尊重（而不是羞愧或批判）的方式来表达难过和愤怒。
- 你可以用一种感兴趣、充满好奇心的方式倾听他人。
- 你可以安慰一个痛苦的人，并在情感上调节他的情绪。

通过向孩子传授特定的技能，有时可以帮助他打开某些通往社交商的路径，但有时却不行，这是因为“社交网”非常微妙，

案例——从伤痛中恢复

当安迪还是个孩子的时候，她经常被得抑郁症的母亲大喊大叫。她的父亲无法很好地与孩子们相处，他与安迪的相处时间很少。他与女儿的大多数交流都是为了“让她听话”。这对父母都没有能力对安迪的感受做出敏感的回应，因为他们自己的父母也没有对他们的感受做出过敏感的回应。

从这一切中，安迪对人际关系的理解充满着权力和被伤害、拒绝的感受。安迪总是控制别人而让人远离，她不知道与他人相处的另一种方式。当安迪因为在工作时欺凌同事而被解雇之后，她意识到自己需要心理咨询。在咨询师的帮助下，她能够直视自己小时候的孤独。随着时间的推移，安迪找到了与他人更温暖、更温和的相处方式。她现在婚姻幸福，她的孩子们觉得被她深深地爱着。

也高度复杂。你可以教会孩子简单的社交技能，比如，如何请求某人成为他的朋友、如何谈论他的感受、如何说不、如何以明确和礼貌的方式要求一些东西。但社交商远不止于此。你不能教孩子如何因他人的悲伤而触动——他要么会，要么不会；你不能教孩子如何成为情感温暖的人——他要么是，要么不是；你不能教孩子如何自然地对另一个人产生好奇心，并以一种让另一个人感到有意义和有趣的方式表达这种好奇心；你不能教孩子有能力安慰处于困境中的人。只有当他发育出必要的大脑通路和复杂的生化级联反应，并能做出真正具体的回应时，所有这些奇妙的高级人类功能才有可能实现。这种发育只能通过特殊的关系经历来实现，而父母是孩子的起点。有些从未在童年时接受过丰富的一对一情感回应的成年人可能会发育迟缓，拥有如幼儿般的社交商。

社交商的原理

社交商需要高位脑和低位脑通路以一种完美协调的方式协同工作。作为父母，你将对这些重要的脑内连接的良好发育产生强大影响。例如，如果一个孩子在家里主要经历的都是肤浅的情感联系，他很可能在成长过程中不知道如何发展更有意义的人际交往。如果亲子互动经常令人害怕、羞愧或受伤，孩子长大后可能会非常不信任他人，会拒绝充满友谊、善良或关心的示好，他可能会觉得太过危险。如果一个孩子反复目睹他的父母争吵，他可能会认为人际关系就是权力和控制，或者只知道在人们受到伤害或愤怒时将其与“权力和控制”联系在一起。

育儿方式将如何对孩子的社交大脑产生巨大的影响?

在人成年后，强大的人际关系经验仍然可以促进社交大脑的发展（而不仅仅是发生在童年的事），但我们必须对这种改变持开放态度，因为童年时期形成的消极联系方式很容易固定下来。在家中主要经历的是肤浅情感联系的孩子可能会在成长过程中无法与他人建立更深层次的联系，因为他们小时候没有学会如何与他人相处。如果孩子与父母的互动经常受到同理心的影响，那么他们更有可能接受充满友情、善意和关心的示好；如果不是这样，他们可能会变得无法信任他人。更重要的是，孩子在童年时期见证带有愤怒情绪的亲子交流或父母交流后，可能让他们在一生中都有一种根深蒂固的观念，即所有的关系都与“权力和控制”有关。

敏感大脑和社交商

孩子大脑的这几个部分是决定社交商的关键：额叶、小脑、胼胝体和前扣带回。具备关系意识的育儿方式可以帮助孩子大脑的这些部分形成大量的新通路。

额叶的作用

大脑的这一部分有很多区域，其中之一是眶前区，它位于眼眶的上方，因此得名。随着时间的推移，这一区域会建立新的大脑通路，让孩子能够准确解读一个人的社交和情感暗示，并做出敏锐的反应。患有抑郁症的成年人和儿童的大脑这部分活动较少，因此他们很难对社交做出敏锐的反应。连接眶前区和低位脑的新通路可以让孩子平息原始的恐惧和愤怒冲动，并调节他身体的高度唤醒状态。这些连接被称为“自上而下的大脑通路”，对于修复出错关系的能力也是至关重要的。

高位脑的另一个重要区域是前额叶皮层的腹内侧部分（见第23页），这部分的通路是孩子培养自我意识和谈判、决策、解决冲突以及成为一名优秀团队成员的能力的关键。从腹内侧区域到大脑下部的紧密联系也可以平息强烈的情绪，让孩子能够思考这些情绪，而不是在愤怒、激动或焦虑的爆发中发泄出来。

小脑的作用

这一结构位于脑干后部，在大脑的最底层（见第19页）。良好的育儿方式有助于孩子的额叶和小脑之间建立通路，让孩子学会用适当的节奏和情感表达对他人所说的话做出准确回应。这些通路还可以帮助孩子熟练地将注意力从一个话题转移到另一个话题。科学家们直到最近才意识到，小脑与社会行为有关。对孤独症儿童的研究显示，他们大脑的这一部分几乎总是出现畸形。

胼胝体的作用

试试——帮助分享

对于父母来说，当大量原始的低位脑感觉被激活时，帮助孩子解决痛苦的冲突是一种真正的艺术。深思熟虑的育儿方式不是对着为玩具而争吵的孩子大喊大叫，而是要换位到他们的大脑发育水平，承认分享是多么痛苦，然后帮助他们弥补。对于父母来说，向孩子展示最痛苦的冲突是可以解决的，这是一份多么好的礼物。

胼胝体连接着大脑的左右两侧，使其能够进行交流（见第19页）。左脑有用于理解和形成话语的语言中枢，而右脑第一时间记录情感。如果胼胝体运作良好，它可以帮助我们找到表达情感的词语，让我们说出充满情感的话语。

左脑与情绪脑的联系较弱，与身体唤醒的反馈联系较弱，右脑有着深度的感知能力，与情绪系统和直觉有很强的联系，很快就能营造出情绪氛围。婴幼儿的左右脑的结构仍在发育中，因此他们大脑两侧之间的交流很差，这也就是为什么他们会对生活中的压力事件做出反应而不是反思。

- 你可以帮助孩子促进大脑左右两侧的交流能力。人们常常认为孩子能够很好地表达情感，但其实他们做不到，因为他们的胼胝体还没有发育完善。相反，他们倾向于“表现”他们的感觉，因为他们还处于“感觉”的层面，而不是“思考”的层面。如果你能帮助孩子学会用语言表达感情，就是在帮助他们促进胼胝体的发育。当成年人在童年时期没有得到过这样的帮助时，他们在压力下仍然是做出反应而不是反思。

亲子沟通专家阿黛尔·费伯（Adele Faber）和伊莱恩·玛兹丽施（Elaine Mazlish）建议，让孩子用言语表达他对兄弟姐妹的愤怒，而不是惩罚他的愤怒。根据这个原则，当4岁的沙克蒂责备他的弟弟阿卡什拿了他的新玩具卡车时，你可能会对沙克蒂说：“这不对，现在就给我停下，你的弟弟只不过想看看它。”相反，你应当对沙克蒂说一些话来帮助他：“沙克蒂，等一下，伤害别人不是一件好事。你可以告诉弟弟你有多生气——你可以说：‘嘿，阿卡什，我不喜欢你玩我的黄色卡车，你应该先问问我。’”然后，你可以和兄弟俩一起谈一谈，这样可以帮到沙克蒂。

•在出现冲突的时候，如果你可以帮助孩子表达情感，你就是在帮助他发育反思而不是反应的能力。当我们用语言表达感受时，我们大脑中的警报系统会平静下来，降低心率和压力激素水平。所以，要帮助孩子把自己的想法变成话语。如果我们忽视或批评他们，我们就错失了一个发展社交商的关键机会。

如果孩子在生闷气，试着说：“你是想继续生气、想要一个拥抱还是想让我帮助你处理你的感受？”如果没有回应，你可以说：“好吧，我会把玩具狗和豆袋蛙留给你（或者你碰巧拥有的任何两件物品）。我过一会儿再来看看你。如果你把玩具狗放在豆袋蛙身上，那就意味着你希望我帮助你处理你的感受。”过一会儿，玩具狗很可能在豆袋蛙身上。这很有效，因为孩子通常需要帮助来缓解痛苦；他开始感到可怕的孤独，他确实有痛苦的感觉，如果没有你的帮助，他无法用语言表达。或者另一种有效的方法是问孩子：“你能不能把这句话说完：我觉得生气是因为……我感到难过是因为……”慢慢地重复每一句话，让他有时间思考。

前扣带回的作用

前扣带回（见第19页）是大脑边缘系统的一部分，它会在你面对另一个人的痛苦时激活，使你能够因为他的痛苦而感到痛苦，让你因为被触动而采取行动。如果我们在育儿过程中持以同理心，那么我们的孩子也能以这种方式感同身受（见第156～157页）。有趣的是，欺凌弱小的人的前扣带回不会被激活，他们并不想帮助脆弱的或手无寸铁的人（厌恶痛苦），而是“喜欢痛苦（对痛苦感到兴奋）”，想要继续伤害其他人。这些人在面对痛苦的时候，大脑中激活的是伏隔核（见第99页），它会触发奖励化学物质。

顶叶的作用

顶叶参与运动感觉和空间导航。具有情绪回应的育儿方式有助于在孩子的顶叶和额叶之间建立起重要的新通路。这些通路（特别是在大脑的右侧）负责衡量与他人相处时的正确人际空间。这让你不会侵犯别人的私人空间，也不会显得离他们太远！

血清素如何影响人际关系

血清素是影响社交商和情商的主要因素，其最佳水平可以稳定情绪、减少攻击性，在促进良好人际关系方面起着关键作用。研究表明，在猴群中受到高度尊重并处于社会等级顶端的猴子，其血清素水平最高。大脑中血清素水平较低与冲动行为有关。如果你无法抑制原始的冲动，频繁的愤怒或焦虑的爆发可能会破坏你的人际关系。血清素水平较低的孩子和成年人很难平静地表达负面情绪，更容易心情不好。

血清素水平受人际关系的影响很大，无论是好是坏。研究表明，幼年时期的压力可能会对婴儿发育中的大脑的血清素系统产生不利影响，而一对一的亲子接触则可以对孩子的腹内侧皮层中的血清素水平产生积极影响。通过共享美好的亲子时光，孩子会适应大脑中血清素的最佳水平，这种最佳的血清素水平可以成为他身体的一部分。

屏幕时间

许多父母偶尔会把科技当作“保姆”，他们认为在育儿过程中看电视和电影对自己和孩子来说是很好的休息时间。但研究发现，95%的父母允许孩子的屏幕时间超过建议限制。那么这有什么问题吗？

本节将向你展示大量研究结论，以便你能够对孩子的屏幕时间做出明智的决定。在这些内容中，你将知道屏幕时间的主要好处和风险，以及用其他活动抵消屏幕时间的真正重要性。

多少屏幕时间是可以接受的？

屏幕时间是指在电视、iPad或手机上玩游戏或观看娱乐节目的时间。世界卫生组织建议2岁及以下的儿童不能有屏幕时间，2～5岁的儿童每天可看不超过1小时的非教育性节目。许多国家建议5～17岁的儿童和青少年每天久坐不动的娱乐性屏幕时间不要超过2小时。

屏幕时间的好处

根据研究结果，适当的屏幕时间可以让孩子受益。

- 高质量的教育应用程序可以帮助孩子发展数学、英语（包括拼写）、阅读和音乐的技能。

试试——建立规则

- 明确何时何地允许孩子使用电子产品。当全家在一起度过美好时光时就不要让孩子使用电子产品，也不要在丰富的环境中允许孩子使用电子产品。
- 让孩子在一定基础上获得屏幕时间。例如，一旦他完成了某件事——阅读一章、画一幅画、完成家务后才可以使用电子产品。在孩子5岁之前，让他尽早开始体验“赚到”。
- 掌握孩子的电子设备密码，并打开家长控制。
- 监控自己的屏幕使用情况。不要总是在吃饭的时候打电话，为孩子树立一个坏榜样。

思考

坐下来和孩子一起看电影可以提高孩子的社交商。研究表明，父母在孩子看电影时可以向他解释角色的动机和感受，这就是在帮助孩子进行心理思考，发展复杂的社交和心理理论技能。同一项研究观察到，用于一起听故事或看电影的大脑网络与我们用来巧妙地管理人际互动的大脑网络是相同的。

看电视则不会有同样的效果，这可能是因为电视节目较短、会被商业广告打断、故事或人物的深入发展较少，而且父母有可能常常让孩子自己看电视。

● 极具创意的应用程序可以帮助孩子培养快速思考的技能。它们可能要求孩子制造东西、发明东西、破解密码，并开发自己的内容。这些应用程序可以培养孩子的编码技能和计算技能。其他研究发现，孩子在设备上玩游戏与更好的视觉处理能力、注意力、空间处理能力、解决问题能力和创造力有关。

● 好的教育应用程序中有趣的声音和字符可以让孩子的学习变得有趣，并激励孩子坚持完成任务。

● 适度的屏幕时间可以帮助孩子在自己的生活和环境之外进一步了解世界。

● 屏幕时间可以帮助孩子增强社会支持和社区参与，其好处包括：发展社交技能，作为团队成员合作实现目标以及道德决策。

● 一项研究关注学龄前儿童观看的内容，并研究了12年后发生在他们身上的事。那些早年主要在屏幕上观看教育内容的孩子在中学的成绩更好，并且比那些观看非教育内容的孩子自愿阅读更多的书。起到决定性因素的不是观看的数量，而是内容。这项研究传达的信息是：避免看垃圾内容！

● 研究发现，与较少的屏幕时间相比，中等水平的屏幕时间（每天1～2小时）与较高的心理社会功能水平有关。此外，同一项研究发现，只有在儿童和青少年每天看4个多小时或5个多小时电视时，父母才能够注意到这对孩子的心理社会功能的不利影响。

屏幕时间的风险

研究人员发现，以下风险与孩子每天使用屏幕时间超过2～3小时有关：

- 自尊心下降，学习速度减慢。
- 注意力问题、情绪问题、阅读能力下降和学习成绩下降的风险增加。
- 在一项针对6000多名10～14岁儿童的研究中，屏幕时间较长的儿童的学业成绩较低。
- 造成儿童心理健康的多重风险。
- 使用屏幕时间过长的儿童和青少年表现出大脑皮层过早变薄，皮层是处理感官信息的大脑外层，影响认知功能。
- 对于学龄前儿童，在解决问题、语言和运动技能方面的学习会有所延迟，无法按时达到发展要求。

语言发展

一项研究发现，与从未看过启蒙动画片的婴儿相比，每天观看1小时启蒙动画片的婴儿学习的新词语会多6～8个。这是因为，父母或照顾者用于阅读和亲子交流的时间是促成孩子具有良好交流、词汇和理解能力的主要因素。

一组9个月大的婴儿与说普通话的人互动后，他们表现出比对照组更强的辨别普通话语音的能力。另一组进行了重复的实验，但这一次说普通话的人出现在电视上，婴儿并没有比对照组更擅长辨别普通话语音。

试试——参与其中

- 在线查找优秀的儿童应用程序，平台会针对特定年龄段提供最佳教育应用程序。
- 先自己试用应用程序，然后把那些让你高兴、感动你、激发你创造力和想象力的应用程序介绍给孩子。
- 使孩子对应用程序感兴趣，让他向你展示他喜欢的方面。
- 寻找具有高度互动元素的应用程序，以支持孩子的学习和战略思维。所有的研究都清晰地表明，被动浏览或观看与抑郁症有关联，而主动参与则不然。
- 想办法让角色离开屏幕，进入迷你世界游戏（见第126页）。给孩子讲一个他喜欢的角色的故事。
- 与孩子并排观看和玩耍，帮助他充分利用这种体验。

理解相互矛盾的证据

记住，屏幕时间只是影响孩子大脑发育的一个因素，还有大量其他影响。所以，当孩子没有看屏幕时，他在做什么真的很重要（继续阅读你就会知道）。如果孩子偶尔超过建议的屏幕时间限制，不必感到内疚，要知道让孩子参与可以改善他大脑功能和情绪健康的活动和社交是可以弥补这点的。例如，一项研究表明，孩子2岁时过多的屏幕时间与4岁时沟通较差有关。但是，多参加户外活动可以阻止神经发育受损。

屏幕时间外，孩子还可以做什么？

答案是：他们可以爬树、寻找虫子、制造黏液、玩水上游戏、烘焙，和朋友们一起过家家、玩换装游戏，研究树叶的结构和闪闪发光的虫子，看日落，在田野里看风吹小麦，听鹦鹉的叫声，看野鸟降落在喂食器上，拥抱他们的猫、抚摸他们的狗，和附近池塘里的青蛙打招呼。所有这些都不是小事，它们对孩子的身心健康和大脑发育有着巨大的影响。

与大自然相处的好处

与屏幕不同，大自然可以提供丰富环境的所有好处（见第124～128页），丰富环境被定义为以4种特定方面——认知、身体、社交、感官，让孩子可以充分参与的环境。它可以刺激大脑分泌BDNF——脑源性神经营养因子，对儿童高位脑功能的发展产生积极影响。

屏幕只会调动孩子的认知和偶尔的社交参与感，而不会带来丰富环境那么多的好处。研究表明，被称为“硬迷恋”的屏幕时间会引发大脑产生压力化学物质，而被称为“软迷恋”的自然时间会缓解压力并降低皮质醇水平。“屏幕以超高速闪烁的光吸引我们的注意力，唤醒我们的大脑，进入我们的压力系统，让我们做好行动准备，并干扰大脑中褪黑素的释放。”

研究表明，短时间待在森林、公园和花园等自然环境中也可以减少抑郁症状，增加积极情绪、提高自尊，产生生理和心理上的放松、减少沉思和消极思想，改善免疫系统（增加自然杀伤细胞）、心血管系统和呼吸系统的功能。

此外，大规模流行病学研究表明，孩子儿童时期在绿地中度过的时间越多，日后患各种精神疾病的风险就越低。此外，身处自然环境中，奇妙的幸福神经化学物质——催产素会被激活，它是一种抗焦虑和抗攻击的化学物质。因此，大自然时间胜过屏幕时间，自然光、丰富的感官、迷人的气味、令人舒适的小草和大树都能非常好地激活催产素。

富有创造力

要知道，屏幕会占用孩子培养创造力的时间。如果我们想让孩子拥有创造力，那么大自然的3D感官刺激无疑是最好的方式。卡普兰夫妇（Rachel＆Stephen Kaplan）的注意力恢复理论（ART）表明，人们有两种类型的注意力：定向注意力和恢复性注意力。定向注意力是一种有意的心理过程，用于专注特定任务

（如屏幕）。恢复性注意力来自毫不费力的沉醉，比如置身于自然环境中。如果我们需要有点创造性的想法时，那么我们大脑中的默认模式网络（它对于创造性“走神”是至关重要的）就需要实时在线，这是产生创意的关键。但是这种网络工作模式只有在没有外界干扰的时候才会产生，就像你以某种放松的方式在大自然中沐浴时一样。

爱护环境

最后，如果我们想让孩子关心气候变化，他们需要对大自然有情感依恋。正如大卫·爱登堡爵士（Sir David Attenborough）在2010年通信大会演讲中所说：“没有人会保护他不关心的东西，也没有人会关心他从未经历过的事。”

试试——抓只虫子

请唤醒孩子的敬畏和惊奇，告诉他你们将要去一个小动物的秘密之地，让他给自己准备放大镜。先了解一下你要带他去看的昆虫，这样你就可以告诉他昆虫是什么，它们需要什么才能茁壮成长。给它们起名字：“哦，这个虱子看起来像露西，那是蠕虫威尔弗雷德吗？”鼓励你的孩子也这样做。在之前抓虫子的过程中遇到蜈蚣时，一个3岁的孩子对我说：“哦，来了一架小钢琴！”

欺凌的影响

有些人认为，欺凌和虐待儿童不是一回事。但研究表明，当没有人阻止或认真对待孩子被欺负时，这种情况会对孩子造成与严重的身体虐待或性虐待相同的长期心理创伤。

不良影响

在幼年时期，人类大脑会自我塑造以适应环境。因此，令人惊讶且悲哀的是，被欺凌的孩子的大脑会自动改变自己，以便更适合生活在欺凌的世界中（见下文）。这可能导致高度警惕（总是保持警惕）、激活高位脑的战斗或逃跑防御机制，以及低位脑中的愤怒或恐惧系统过度活跃。对于许多被兄弟姐妹、同学、老师或家长欺负的孩子来说，你可以在他们的日常行为中看到“打架”和“逃跑”的反应。除了影响他们的社交信心外，欺凌还可能导致孩子对学校产生厌恶，或出现尿床等其他身体症状。

被欺凌的大脑产物

儿童长期生活在担心在家里或学校受到欺凌的强烈恐惧中，可能会使大脑关键结构产生实际变化，比如杏仁核（见第19页）。在受到欺凌之后，大脑的相关区域可能会变得过于敏感，对微小的压力源反应过度，把它们当作巨大威胁来对待。这被称为“恐惧火种”，意味着孩子在青少年时期或成年时期容易患上焦虑症。对儿童欺凌者的研究表明，杏仁核激活不足，会导致儿童对他人的恐惧缺乏回应。比如，会表现出情感麻木和对他人的痛苦情绪反应减弱。我们很早就知道，受人欺凌可能会对孩子造成心理创伤，但通常都有恢复的希望——在大人的帮助和支持下，被欺凌的孩子可以很快恢复。但现在，脑部扫描技术的进步向我们展示了黯淡的图景：如果没有人制止这种情况，遭受心理虐待巨大压力的儿童的大脑中会产生实际结构改变和长期生理变化。简而言之，被欺凌者的大脑可能会为此付出真正的代价。

科学家们在被欺凌的孩子的大脑中发现了许多令人担忧的变化：

- 前扣带回的细胞死亡和激活减少。这一区域有助于缓和大脑中的恐惧反应，是我们拥有共情能力的关键。
- 与良好的管理压力有关的大脑回路和神经系统发生长期变化。孩子的大脑会形成过度的压力反应，导致其冲动、好斗或焦虑。

“他们对我太刻薄了”

当欺凌不严重的时候，它可能会被忽视。窃窃私语、骂人、排斥和隔离会对孩子的大脑造成痛苦和长期伤害。因此，家长和老师需要注意孩子身上的一些信号（见第150～152页）。上学的时间很长，任何孩子都不应该生活在恐惧的状态中。

• 大脑肾上腺素分泌系统发生长期变化。自主神经系统的交感神经分支过度活跃，导致大脑中去甲肾上腺素和肾上腺素水平过高，会让人变得焦虑和无法清晰思考。

• 血流量减少，脑干“小脑蚓部”受损。该区域控制去甲肾上腺素和多巴胺的产生和释放，其异常与多动症、抑郁和注意力受损有关。这一区域还有助于调节大脑中的电活动，因此当大脑功能不佳时，可能会导致孩子更为好斗和易怒。

• 造成大脑额叶和颞叶区域的不规则性。这些区域对压力的管理和强烈情绪的调节至关重要。

• 长时间的压力会导致海马体和杏仁核的体积缩小。海马体对于记忆功能非常重要，被欺凌的孩子在言语记忆测试中得分较低。左侧杏仁核的减少与抑郁、易怒和充满敌意有关。

• 胼胝体减小。胼胝体是左右脑之间的主要信息通路（见第19页）。美国精神病学家马丁·泰歇尔（Martin Teicher）发现，在某些情况下，遭受心理虐待的儿童的胼胝体要比正常的儿童小40%。“我们发现，心理虐待是毁灭性的……这不是人们可以克服并继续生活的事。”受影响的儿童可能会出现情绪狂躁

思考

如果你怀疑你的孩子被人欺负了，你要特别注意他在玩耍时是否存在对战争、战斗和爆炸的痴迷。虽然许多男孩喜欢这些，但被欺凌的孩子的战斗强度及其在一天中的重复次数可能会达到令人担忧的程度。当一个孩子沉迷于打斗和战争游戏时，这可能表明他在试图防御无法控制的恐惧感，说明他生活在一个无法“停止欺凌”的世界。你的孩子可能最终会变成一个欺凌弱小的人，这是最后的防御机制，正如“如果你无法打败他们，那就加入他们”。

的情况。

• Y-氨基丁酸（见第46页）功能下降。Y-氨基丁酸能使大脑的电兴奋平静下来。当这种化学物质不能正常工作时，孩子可能会感到世界不安全，并生活在警惕状态中。

行动时间

在英国，有十分之一的8～11岁儿童和五分之一的12～15岁青少年表示自己受到过欺凌。2019年，英国的儿童帮助热线为那些想谈论被欺凌的痛苦的孩子提供了超过15000次的咨询（面对面或在线）。经历过欺凌行为是11岁或11岁以下儿童打电话给儿童帮助热线的主要原因。我们已经意识到并担心这个问题，但当我们看到大脑扫描显示出欺凌如何改变儿童大脑时，我们开始意识到我们的担心还远远不够。如果孩子受到欺凌，成年人必须迅速采取行动。

每所学校都应该有反欺凌的规则，家长可以要求查看，也可以在学校的网站上找到。请记住，学校如果不遵守反欺凌规则是违法的。因此打官司的话，家长可以成功胜诉。

保护孩子免受欺凌

无论在学校还是在家里，有很多措施可以保护孩子免受欺凌或阻止孩子欺凌他人。作为父母，随着孩子的成长，你可以提高他对自己权利的认识，帮助他学会表达“不”和适当的愤怒。

赋予孩子权利

多给你的孩子一点积极的信息，告诉他要有勇气从成年人那里得到帮助。如果你这样做，欺凌很快会得到解决，这对孩子来说是一次非常有力量的经历：“我受到了恶劣的对待，我寻求了帮助，得到了帮助，打破了界限。所以，我是一个可以阻止坏事发生的人。”

学校能做些什么？

如果学校校长是一个非常热情的人，这是一个不错的指标。学校还应该有严密而高效的反欺凌政策。一些学校说他们没办法一直看着操场，或是说他们人手不足。如果所有的学校都明白欺凌对孩子大脑的真正影响，我认为学校和政府的态度可能会发生转变。我建议在每个学校的操场（欺凌最常发生的地方）安装监控摄像头。一些人会认为这是对儿童权利的侵犯，但我们有责任保护每一个孩子免受欺凌带来的大脑损伤和终身的心理创伤，以及难以忍受的无力感、孤独感和恐惧感。

有些学校确实意识到了制定绝对零容忍的有效反欺凌政策的紧迫性。如果每所学校都要确保孩子发育中的大脑不受损害，那么学校里的欺凌行为就必须停止，无论政府需要增加多少人手。尤其要注意一些亲戚、老师或朋友，他们会在减少欺凌行为方面让孩子失望，因为他们会说“他们只是在闹着玩”或“男孩终究是男孩”之类的话。

我发现我的孩子经常被欺负，我能做什么？

如果你的孩子一直在遭受欺凌，而没有被立即制止，应考虑让他接受咨询或治疗。作为一名家长，要自律，不羞辱他人，善于倾听。每当你认为自己要大喊大叫或羞辱他人的时候，走进另一个房间，以便在情绪上调节自己。这样，如果你的孩子受到了伤害，包括被欺负，他会想告诉你，而不是把这种情绪隐藏起来，试着自己处理。

你在家里能做什么？

一些管教方式，如喊叫、羞辱和扇耳光（见第254～255页），是欺凌行为的另一种形式。注意自己处理孩子不良行为的方法，如果你认为你的伴侣和亲戚对待你的孩子近乎欺凌，你可以当面质问他们；换言之，他们是在利用羞耻感来控制孩子。

减少批评，增加表扬

如果父母总是批评孩子，孩子将习惯于生活在被欺凌的世界中。换句话说，如果父母不停地用言语“殴打”孩子，然后孩子又在学校受到欺负，他很容易就会想：“这是我应得的，我是个垃圾”或“这很正常”。而一个在家中感受到温暖和友善的孩子则可以更有效地寻求帮助，这个孩子的态度可能会是：“这不对，我是一个有价值的人，我应该得到善待。”你可以做很多事来帮助孩子认识到他应当有安全感，并教会他如何维护自己的权利。

认真对待兄弟姐妹之间的争斗

人们远远低估了手足之争造成校园欺凌的严重性。当一个年幼的孩子被他的兄弟姐妹伤害时，他还没有发展出用额叶反思其情感经历的能力。他可能会简单地中断痛苦，产生战斗的冲动。这可能会导致他在学校伤害另一个孩子，成为欺负别人的人。他心想：“这次我才是最厉害的。”帮助兄弟姐妹彼此谈论冲突、树立解决冲突的榜样，在他们交谈时待在他们身边、解释双方观点、帮助他们协商，这些都非常重要。

关注孩子的社交媒体时间

当一个12～15岁的孩子每周在社交媒体上花费超过10小时时，他们遭遇网络欺凌的概率会翻倍。

要点

• 逐渐建立有意义的人际关系是身心健康和长期幸福的关键。

• 良好的育儿方式可以开发孩子的社交商，包括与他人相处的能力、同情和移情的能力。

• 限制孩子的屏幕时间，并平衡屏幕时间与实际活动的时间，可以让孩子多参与想象力游戏、身体游戏、户外活动，以及发展社交商的活动。

• 欺凌和虐待可能会对孩子的大脑造成长期损害，父母、老师和照顾者必须非常认真地对待这两个问题。

• 帮助孩子建立对自己的信心和认识："我在任何时候都值得被尊重。"

第七章

同理心
与心理健康

研究表明，如果父母拥有同理心，那会对孩子未来的心理健康产生显著的长期影响。请花时间去想象一下孩子所经历的事，并找到词语表达出来，让他感到与他人有联系、情绪被理解，从而帮助他调节情绪。孩子的行为可能是你不可接受的，但他的情绪永远不会错，即使你觉得这些情绪很有挑战性，比如孩子说：“我恨你。”

具有同理心的育儿方式

与没有得到同理心养育的孩子相比，在情绪激动的时刻得到同理心回应的孩子在童年中期和青少年时期，在社交、情感和学业方面的表现要好得多。他们的生理机能更平衡，能很好地应对压力。

我们经常会对一个正在经历负面情绪的孩子说“克服它”，或“没有那么糟糕”，这就是“情绪忽视”。具有同理心的养育恰恰相反——承认孩子的感受，特别是他的痛苦，然后帮他去解决。同样，如果你对孩子的愤怒表现出同理心，而不是让他停止生气，他会做得更好。

研究表明，经历过同理心养育的孩子在8岁和15岁时的学习成绩更高，这是因为他们的压力调节良好——他们的思考能力不会因情绪而崩溃。这些孩子与好朋友一起玩的消极游戏更少，行为问题更少，身体也更健康。

最好的方法是什么呢？

具有同理心的养育需要激活大脑中与社交商有关的重要结构（见第18～19页），帮助孩子用语言表达感受（发展胼胝体）；对孩子表示同情，他也会对其他人如此（激活前扣带回）；让孩子学会反思生活中的挫折，而不只是对它们做出反应（改善额叶功能）。

改变你的方法

这是一个对孩子的情绪痛苦没有同理心的回应（没有积极的大脑或心理变化）和有同理心回应的例子：2岁的阿纳尖叫着不肯离开游乐场。她的爸爸如果用事实回应，可能会说：“阿纳，你必须冷静下来。”然后阿纳可能喊得更大声了，爸爸此时也大喊并继续用事实回应：“不要这样，我们必须回家。”而有同理心的回应是："我知道你喜欢这个游乐场，你想留在这里，而不是回家。"当她更大声地尖叫时，重复这句话："爸爸知道阿纳想留在这里，不想回家。"使用与孩子相同强度的声音，被称为"大声的同理心"。正如休斯（Daniel A.Hughes）和贝林（Jonathan Baylin）所说："当父母以类似的节奏和强度、同样响亮和专注地表达他们的反应时，孩子可能会感到被理解，而不是'不被认可'。如果父母保持冷静和超然，孩子很可能会感到气愤。"

同理心可以发展大脑连接

5岁的西娅拉刚刚为奶奶做了很多漂亮卡片，但她妹妹在上面乱画一通。西娅拉哭泣着、大叫着，在地板上打滚。父母可能这样回应她："西娅拉，够了，现在就给我停下。她又不是故意的，她只是个宝宝。"而西娅拉的妈妈用了具有同理心的说法："我能理解你为什么这么生气和难过，你做的卡片真是太漂亮了，现在它们被毁了，你肯定很难过吧。"她的同理心回应帮助西娅拉理解她的痛苦经历，并在她的大脑中发展新的神经网络，帮助她反思，而不是反应。

思考

许多研究观察到，18个月大的婴儿已经能表现出关心和帮助他人的意望。然而，孩子的同理心能力依赖于他的主要照顾者对他的塑造。遗憾的是，研究表明，那些缺乏同理心的父母的孩子对他人的痛苦反应非常冷淡——就像看着一件家具一样。

反思自己和孩子的想法

同理心养育的一个重要部分是在育儿的同时能够反思自己和孩子的想法，这就是所谓的心理化。这意味着要对正在激怒你的事关注和好奇，并反思你对当下的感知是如何被你痛苦的经历所影响的。你可以停下来反思自己的情绪是否由痛苦的记忆引发的，而不仅仅是愤怒。

与孩子的互动很困难，你可能会感到愤怒，但通过同理心，你会变得有自我意识："啊，是我的孩子在控制我，我只是被激怒了，成为我小时候父亲对我的样子。"或者你可能会意识到你受到了生活中其他事的影响，如与伴侣相处的困难或工作中的压力。让你感到强烈愤怒的，或许是孩子此时此地行为之外的其他

"谢谢妈妈理解我"

当你感同身受时，孩子会让你走近他，因为他知道你会理解他，而不是说教并无视他的感受，或者只是告诉他事实。他会理解你的痛苦，希望与你建立联系，因为这样做感觉很好。

事。换句话说，你不是简单地被孩子把牛奶洒在地板上激怒，而是由此使你想起其他事，你愤怒，甚至仇恨、蔑视。你感受的强度远远超过了实际事件的强度。

思考

研究表明，能够指导孩子情绪状态的父母，可以帮助孩子发展情绪调节能力，并了解孩子情绪的意义，而不仅仅是知道。这使他们的孩子能够处理强烈的情绪，而不是防御性地回避或感到不知所措。

建立自尊

除了反思自己的想法，心理化还是对孩子的想法、感受和行为感到好奇。与其用“哦，他可能累了/饿了”来否定他的行为，不如考虑他的任何潜在的情绪痛苦：例如，也许他感到被冷落、害怕、被忽视。换句话说，你能想象孩子的痛苦、感受他的痛苦。

试图从孩子的角度理解他们的经历对他们的自尊有很大的好处。正如心理学家卡恩（Micheal Kahn）所说：“如果（这个成年人）认为花时间和精力去理解我的经历是值得的，那么我一定值得花时间和努力。”通过你的同理心回应，你向孩子传达你接受了他行为背后的感受和想法。行为可能是错误的，但情绪永远不会错。所以，在需要设定界限的同时，你也要传达对这种行为的接受：“打哥哥是不好的，但我理解你对哥哥很生气。”

心理化的好处

父母能够更好地处理压力、培养同理心，他们的孩子的行为困难则要少得多。

- 孩子培养了自我心理化的能力，这意味着能够反思自己的感受，而不仅仅是拥有自己的感受。反思可以减轻心理痛苦。
- 父母与孩子坦诚交流可以降低孩子的压力。研究表明，父母反思孩子心理状态的能力与孩子情绪调节的能力之间存在明显的联系。
- 心理化是孩子发展自我意识的关键，因为你把他视为一个有头脑的心理存在。

- 孩子学会心理化可以提升情绪调节能力。没有人天生就能调节自己的情绪。
- 研究表明，孩子在青春期掌握心理化技能是防止饮食失调的一个保护因素。

当父母发现心理化很困难时

无法心理化的父母发现自己很难考虑孩子的观点，因此往往对孩子的心理状态没有兴趣和好奇心。他们可能会冲动地严肃批评孩子，而不能对自己说："我想严肃批评他，但我不会这样做，因为这会对我的孩子产生非常糟糕的影响。"作为孩子，他的父母无法与他相处，所以他也从未学会与他人良好地相处。这些父母可能不鼓励孩子表达痛苦的情绪，因为他们小时候就未曾受过这种鼓励。他们可能会不屑一顾地说："你不应该有那种情绪。"

有些父母发现很难心理化地询问孩子的感受，因为他们已经对孩子的感受有某种固定的设想。例如，父母分居后孩子去看望爸爸，妈妈可能会说"见到爸爸后你看起来很焦虑"之类的话，孩子就会感到很沮丧，因为他被告知他的感受而不是被询问，这是母亲把自己的感受投射到孩子身上。神经影像学研究表明，当母亲无法处理自己的悲伤时，她就无法理解孩子的悲伤。

有些孩子会经历"断断续续的心理化"。他们习惯于被理解和思考，然后突然陷入父母的情感缺失。父母的创伤没有得到修复会对孩子造成很大影响，父母能接受心理治疗将给孩子带来积极改变。

心理健康问题

如果父母无法保持心理化，那么孩子容易出现心理健康问题。如果孩子在感到强烈的痛苦或不知所措时不能保持心理化，那么设想一下他的精神状态，他会如何做出反应并采取行动。例如，他可能会自残，或者强迫自己在情绪上调节和平静自己。由于没有人来安慰他的“情绪危机”（因为他从未有过可以进行心理状态谈话的父母），他完全没有意识到这些“异常”。我们从研究中得知，以心理化应对事件可以平息强烈的情绪，但当你不能心理化时，你最终会把自己的感受表现出来，而不是去思考。因为不能在情绪上进行调节（需要能够反思才能做好这件事），所以孩子更有可能做出挑战行为或把症状内化。他可能会冲动地采取行动：关上门，逃跑，说“这都是别人的错”。

如果不能心理化，你更有可能认为自己的观点是准确和真实的，比如，确定自己是可悲或毫无价值的。你不会去质疑自己的观点，也不会去征求别人的意见。你的绝望感将被自己视为客观的事实，而不仅仅是一个可以挑战的想法。相比之下，研究表明，情绪意识和用语言表达感情的能力可以防止抑郁、焦虑、自我伤害和沉思等内化症状，并使身心平静。

缺乏心理化能力可能会破坏人际关系，你无法把握不确定性，所以你会得出一个自己确信的结论，比如“我的孩子恨我”。心理化让人能够考虑他人的意图和感受的几种可能性，并在可能的情况下去验证。

思考

如果你有尚未解决的心理创伤，如果可能的话，你能给孩子的最好礼物就是接受咨询或心理治疗，这样你就可以享受内心的平静而不是痛苦。治疗和咨询以心理化为基础，你将逐渐能够与孩子进行心理化交流，因为你的脑海中会有这样做的想法。研究还表明，有创伤史但能够进行心理化的父母——与孩子进行心理状态谈话——并没有将他们的创伤传递给孩子。

使用正确的语言表达

心理化的一个功能是能用孩子理解的语言向他传达你的感受，这被称为“心理状态谈话”。这使孩子能够用语言表达自己的感受（称为“情感标签”），这被证明可以平静他大脑的压力反应系统，并在以后的生活中降低抑郁发病率。

在回应孩子时使用正确的语言，使孩子体会到你尊重和处理他痛苦情绪的深刻价值，而不是独自一人去摆脱这些困难的情绪，或父母抑制他的压力。

支持孩子进行心理思考

帮助孩子进行心理思考是防止他在以后生活中出现心理疾病的关键，因为这有助于孩子思考自己的感受，而不仅仅是体会自己的感受。如果一个孩子不能思考自己的感受，他就无法理解发生在自己身上的事。健康的情绪是“行动的标志”，这意味着它为我们提供了重要信息，告诉我们在与自己或他人的关系方面需要做些什么来解决痛苦。但我们只有在关键的成年人发起的“心理状态谈话”的帮助下才能培养情感标签的能力。

保持好奇

“你能帮我理解你的感受吗？”这是个至关重要的问题——父母的好奇心，而不是评判——可以帮助孩子意识到他的内心活动，学会从心理上思考并理解自己的感受。好奇心是父母强烈地希望自己能理解孩子内心世界的一种兴趣。所以永远不要问：“你为什么有这种感觉？”因为这可以被视为孩子应该对此做出解释。而是问：“你能帮我理解杰克这么说你的头发时，你是什么

“让我自己待一会儿”

你的孩子蜷缩在桌子下面，你走到他面前问他出了什么问题，他哭着告诉你“走开”。你的第一反应可能是批评：“这太可笑了。我是来帮忙的，而你让我走开。要冷静一点！”相反，试着这么说：“好的，我知道了，如果你改变主意的话，你会把泰迪熊放在椅子上吗？”

这为孩子提供了情感空间。当泰迪熊在椅子上时，你可以说：“我知道你已经准备好让我帮忙了，这是一个多么好的决定。”

你可以和你的孩子坐在一起，给他一个拥抱，然后试着说：“嘿，你能说点什么吗……”

你：“我感到愤怒是因为……”

你的孩子：“……她拿走了我的玩具。”

你：“我很难过，因为……”

你的孩子：“……那是我最好的玩具。”

你：“哦，我的天哪，怪不得你这么伤心和生气，怪不得你这么难过。”

感觉吗？”这样你就能理解这件事对孩子的意义。例如他可能会说：“比起喜欢我，你更喜欢新生儿。”这时候问：“能帮我理解是什么让你这么想的吗？”这是了解孩子是如何得出这个结论的好方法，而不是只是跳出来安抚，这通常不能安抚他。好奇心要以一种平和、可被接受的语气表现出来，从而传达出你想理解孩子的简单愿望。好奇心应该总是伴随着同理心。让你的孩子敞开心扉，但不要让他觉得被理解的同时也受到了同情。

为孩子说话

在我女儿7岁生日当天，她举办了一个复活节派对。她花了很长时间为小鸡队和鸭子队准备蓝色和黄色的篮子。当寻找复活节彩蛋的活动即将开始时，她试图把10个孩子排成2排，并告诉他们用相应颜色的篮子。孩子们没有礼貌有序地听，就跑去寻找鸡蛋。我女儿很沮丧，哭着跑进卧室。是时候让我用心理化来处理这个问题了。我想象一个孩子经过这么多创造性的思考，结果计划失败了是多么失望。任何成年人都会因为想法被破坏而感到痛苦。我想象着我女儿可能会因为有重要的话要说而孩子们却跑

试试——不同的表达

与其只使用悲伤或难过之类的词语，不如尝试情感体验中更微妙的细微差别，比如，“发生这种事真的很震惊。”“那确实伤害了你的感情。”“感到失望可能会很痛苦。”“你真的很想要巧克力饼干，我没给你真的让你太生气了，不过那是因为在午饭前。”即使孩子还太小，不能完全理解你说的话，那他也会被你的语气“满足”。

开生气，而且还是在她生日当天发生这些！

想完这些，我去找了蜷缩成一团的女儿。我说："我试着做你一分钟，看看我是否能理解你为什么这么不开心。"这种被称为"为孩子说话"的心理干预比仅仅坐下来感同身受更能有效地吸引孩子的注意力，因为这是孩子料想不到的。

我用一个假装是女儿的声音说道："妈妈，太糟糕了。我花了很多力气准备这次派对，我有超好的想法想说出来，但他们都跑了。我感到非常受伤、愤怒和失望。我太难过了，妈妈。"这不是替孩子说话，任何人的创造性计划被破坏都会受到这样的伤害。当你以这种方式想象并为孩子说话时，他永远不会说："谢谢。这是一个很好的干预，帮助我处理了自己的感受。"但如果你是对的，就会让孩子感到平静和解脱，正如我女儿当时的反应，她说："我需要一个小朋友。"好吧，我很清楚我要找谁！8岁的萨姆已经显示出成为一名优秀心理治疗师的潜力。萨姆心甘情愿地走到我女儿身边，大约4分钟后，他们俩都笑着走了出来。派对继续并大获成功。

谈到孩子

早上7点30分，我10岁的女儿来到楼下，说她不吃我做的早餐。这对我来说是一个导火索，因为我花了很多心思来做早饭。为了获得权力和控制权，通常人们会在此刻发出命令。但这对孩子来说是致命的，没有任何学习意义。因此，我设法在情绪上进行了足够的调节，使用了临床心理学家丹・休斯设计的一种名为"谈论孩子"的心理干预。

当孩子在房间里的时候谈论他是一种很好的干预，尤其是对于一个沉默或生闷气的孩子。"谈论"是指当孩子在那里时，大声对自己或房间里的另一个成年人说话，或对玩具说话。当我女儿拒绝吃早餐时，我的朋友在房间里，所以我说："玛丽，你知道吧，我理解她的感受。当我要在上午9点讲课时，我必须在早

思考

面对孩子的痛苦，父母最常见的反应之一是提出问题并提供事实，而不是表现出好奇和同理心。例如，阿卜杜勒为没有更多的培根而闷闷不乐。他的妈妈说："再也没有培根了。你已经吃了五块了。"阿卜杜勒独自一人伤心。如果他的妈妈使用心理化策略，她可能会说："我可以从你的眼泪中看出你有多难过。我知道你喜欢培根。你很伤心，因为没有培根了。"阿卜杜勒正在被帮助理解伤害的概念，并理解他的痛苦很重要，这是可以用语言表达的。面对孩子的痛苦，问题和事实会激活压力激素，但当你在痛苦中感到联系和理解时会释放舒缓神经化学物质。

上7点30分吃早餐。但我那时根本不想吃东西，因为时间太早，我还不觉得饿。问题是，研究表明，除非你早餐吃蛋白质，否则你的大脑无法产生一种名为多巴胺的大脑化学物质，多巴胺对人类集中注意力、感到精力充沛和学习至关重要。所以不吃早餐就像开车没有汽油一样，很糟糕！你会感觉无精打采、情绪低落，非常糟糕。所以，我强迫让自己吃一些蛋白质，即使是少量的。因为我可尝够了不吃早饭的苦头。"我知道我女儿在听。在那之后的所有早晨，她都吃早餐。如果我教训女儿说："这太荒谬了，现在就吃早餐。如果你不吃，你会感觉很糟糕。"我就启动了社会防御，而父母的社会防御行为会导致孩子的社会防御行为，比如打架（反击）、逃跑（离开房间）或僵持（封闭和沉默），然后不得不整天面对亲密关系破裂带来的心理痛苦。

再说一个例子，小女孩梅西感到被忽视时，她的父亲对梅西的玩具兔子说："我觉得梅西很生气，因为当她兴奋地告诉我她的新朋友的时候，我没有反应过来，还问她是否有作业。我现在意识到我那个时候分心了。我希望梅西准备好后，她会再告诉我一次，我真的很想听听她说她的新朋友。"

处理冲突和愤怒

在亲子关系中，冲突是不可避免的。我们不要想停止冲突，而是要思考如何提升我们孩子的社交商，我们需要利用这些时刻来示范如何处理好冲突。父母需要以温和、积极的方式处理与孩子的冲突，并在争吵后修复关系。

以温和、积极的方式处理崩溃和冲突

如果父母把愤怒视为惩罚而不是被认可的事，那么他们的孩子在成长过程中就不会良好地发展社交商。父母通常会对孩子的悲伤或恐惧应对得很好，但在孩子生气时会批评或惩罚孩子。羞辱意味着孩子的身体和大脑会做出反应，就好像他遭受了身体伤害。只不过这是一种心理创伤，而不是身体创伤，但对于这种形式的攻击，身体和大脑并不能做出区分。

我们需要有愤怒情绪——这是人类状况的一部分，它让我们知道什么对我们有利或不利。适当愤怒的能力是孩子社交商的关键组成部分。如果一个孩子抑制了愤怒之类的情绪，那么他成年

试试——移情画

因为年幼的孩子通常不会用复杂的语言来表达他的感受，所以可以试着用绘画来帮助他。告诉你的孩子，你将要画或写你认为可能导致他生气的原因。拿一支笔和一张纸，画出感同身受的内容——可以是短语或图像（歪歪扭扭的人和粘贴画都可以），这可以还原一些导致他行为问题的痛苦情绪。然后让孩子把你画得不对的地方涂上颜色或划掉，勾选他觉得对的东西。然后感谢他的勇敢，让你知道是哪里出了问题。

后的人际关系就可能缺乏真实性和深度。如果他觉得自己永远无法在父母面前完全做自己，他就会把那种“害怕做自己，以免让人觉得我太过分”的感觉带到成年。

思考

研究表明，述情障碍（无法将感觉/精神状态用语言表达出来，难以区分情绪和情绪唤起的身体感觉）是导致抑郁、焦虑、饮食失调、自残等身心疾病的关键因素。研究还表明，那些感到痛苦但无法说出原因的孩子，与那些能够准确地说出自己痛苦感受的孩子相比，更容易抑郁。

不要愤怒地管教

不要因为孩子在愤怒时不尊重你、说他恨你，或者因为他有这种感觉而惩罚他。相反，你要让孩子通过承认来缓解他的愤怒。记住，情绪永远不会错，只有行为才有错。当然有一个附带条件——不要骂你！

当你的孩子对你设置的界限感到愤怒时，要理解他。例如说：“我理解你对我不让你看这部电影感到愤怒，你很伤心和失望，但你要知道，你说这样刻薄的话会伤害别人。”如果你以这种方式承认他的愤怒，你的孩子更有可能理解你。如果你的孩子说“你是一个坏妈妈”，要承认他此刻对你的感觉是真实的。你可以这样说：“所以你觉得我是……”“所以，你把我看作……”，或者“所以，你感觉我像……”。这样，你就不是在说“我是这样或那样”，而是承认他的情绪。

关系修复

学习如何说对不起，并在你和孩子的关系中树立榜样，这将是一份重要的礼物。孩子可以发展这项技能，然后将其运用到他之后的成年人关系中。在与你的孩子争吵后，你可以说：“很抱歉我刚刚对你喊叫，我只是希望你停下来，但我应该用另一种方式告诉你。”或者，“对不起，我刚才太凶了。我今天工作很辛苦，把压力都发泄在你的身上，我很抱歉。”

要点

- 在压力和痛苦时期，能得到父母的同理心回应的孩子，在社交和情感上表现得更好，这对他们建立自尊有很大好处。
- 始终要考虑到那些助长挑战性行为的情绪，认可孩子的这些情绪。
- 永远不要告诉孩子他的感受，而是问他："你能帮我理解你对某事的感受吗？"
- 同理心并不是软弱——这是一种真正复杂的人际互动，是一种支持安全依恋非常有效的方法。
- 知道自己何时被激怒。不要大喊大叫，反思一下你现在的看法是不是被你的痛苦经历影响。
- 在情绪痛苦时，孩子不想被下定义，而是希望被理解。
- 父母与孩子谈心可以视为给孩子一份礼物，帮助孩子在生活中多做心理层面的思考，从而进行反思而不是做出反应。

以同理心回应

我们在为人父母的繁忙生活中，很容易试图摆脱孩子的情绪痛苦，而不是花时间陪伴他们、倾听和理解他们。然而如果我们不这

情况	缺乏同理心的反应	给孩子的潜在心理信息
不赞成 （当孩子感到痛苦或愤怒时）	●“别哭了。” ●“别大惊小怪。” ●“不要生气。” ●“立刻停止。”	●你有这种感觉是错的。 ●我不想管你的感受。 ●我无法接受你的感受，做个好孩子吧。
冷漠 （当孩子感到痛苦或焦虑时）	●“加油，振作起来。” ●“别傻了。” ●“没什么好担心的。” ●“笑一笑吧。” ●“忘掉它/继续前进。”	●不要这么想，你应该往好处想。 ●你的感受并不重要。 ●你真麻烦，你需要按照我的想法去改变你的想法。 ●你不值得被倾听。
防御性反应 （当孩子说“我恨你”或有其他负面情绪时）	●“你敢不敢……” ●“你不要那样跟我说话。” ●让对方内疚的回应——“我陪了你一上午，结果你还这么说我。我为你做了这么多。”	●你是一个让别人感觉不好的人。 ●感到羞愧。 ●感到内疚。 ●这是你的错。 ●感到自己不好。
转移注意力/转移话题 （当孩子感到痛苦时）	●“别担心，我们看看这本书。” ●“我们去沙滩上玩好吗？” ●“勇敢一点。”	●别再这么想了。
通过比较来弱化孩子的经历 （当孩子感到痛苦时）	●“没那么糟糕。鲍比经历了比这更糟糕的事，他也没像你这样。” ●“我知道你的感受，因为我也经历过这种事。”	●你只是在小题大做。 ●你不应该这么想。 ●你并没有那么痛苦。

样做，孩子就会压抑痛苦的情绪，这对他们的身心健康是有害的。

下表旨在帮助你在必要时关注和调整自己的反应，并练习用更具同理心的方式与孩子相处。

	运用移情的反应
	●“我可以看出你对此感到非常愤怒/沮丧/失望。” ●“你这么想完全没问题。” ●（如果孩子的行为不安全，你需要设置界限）“你这么想没有问题，但我希望你安全，所以我会阻止你做某事。”
	●“我看得出来，你对我做某事很生气。” ●“所以，做某事对你来说真的很痛苦。” ●“所以，这件事太让你生气了。” ●“难怪你会有这种感觉，那种情况确实很伤人。”
	●“我能听出你对我有多生气。” ●“你能帮我理解是什么让你不想和我在一起/和我说话吗？”（确保你对答案感同身受） ●“所以，你认为我是一个非常不公平/残忍/刻薄的人，如果你这样看我，我可以想象你现在可能对我很生气。” ●适时道歉：“很抱歉我冲你大喊了。我需要你停止做某事，但我应该找到一种更好的方式。” ●“我想到解决这个问题的好方法后，5分钟后就会回来。”（这是自我调节的必要时间）
	●“难怪你会有这样的感觉。那件事发生的时候确实让人很痛苦。”
	●“谢谢你有勇气让我知道你现在的感受。” ●“所以，你让我知道你感觉很痛苦。我能理解……”

情况	缺乏同理心的反应	给孩子的潜在心理信息
施舍 （当孩子有强烈的情绪时）	●“看，当我们感到愤怒时，我们需要这样做。” ●“你只是累了。” ●“现在来吧，试着振作起来。”	●我比你更清楚。 ●你的感觉无关紧要。 ●在这种情况下，你的感受是不合理的。
给孩子提建议、讲教训，试着教育孩子	●“现在你需要做的是……” ●“你应该，你本可以……” ●“别再想了。”	●不要去顾及你的感受，而是行动或思考。 ●你总是犯错——其他孩子都知道如何把事做得更好。
陈词滥调	●“生活艰难，生活不公平。” ●“男子汉气概。” ●“大男孩不哭。” ●“欢迎来到现实世界。” ●“你现在需要成为家里的男人。”	●你有脆弱的感觉是错误的。 ●你应该为哭泣和表达自己的痛苦而感到羞愧。
提问	●“你为什么这么做？” ●“你为什么会有这种感觉？” ●“你为什么感到愤怒？” ●“你现在生气了吗？”（需要回答是/否） ●“你现在难过吗？”（需要回答是/否）	●考虑一下你的感受，别这么想了。 ●“为什么”的问题会让孩子从他的感受转向思考。没有同理心的问题永远无法疗愈孩子。
压倒一切、过度参与和介入	●“哦，太可怕了，你看我也要哭了。” ●“我被你说的话吓坏了。”	●不光要照顾你自己的感受，还要照顾我的。 ●你现在应该照顾我。
忽视 （当孩子对某事有很强烈的感受——无论是痛苦还是愉快）	●没有回应，或者很少回应。	●你的感受并不重要。 ●只有当你停止感觉时，我才会关注你。 ●那些自己的感受没能得到适当移情反应的孩子，会留下莫名而无法处理的情绪。这些很容易让他出现身心症状，因为他从来没有把身体感觉说出来。

	运用移情的反应
	● “我真的明白你对某事的感觉如此强烈。” ● “你能帮我了解一下你的感受吗？” ● “你现在能告诉我，做些什么对你有帮助吗？”
	● 等到他平静下来，说：“让我们一起思考现在最好做什么。” ● “我想知道我们是否可以一起考虑另一种方法来处理这件事，因为这对某人来说是不好的。”
	● 用丰富的词语表达全方位的感受，以匹配孩子的感受强度。“所以我想你感到心碎了。”（而不是有点悲伤） ● “听起来你对我很生气。”（而不是有点生气）
	● 表达好奇：“你能帮我理解你当时的感受吗？这件事发生时的感受如何？”
	● 表示或说你很感动是可以的，但不要把注意力从他身上转移到你身上，让他觉得他现在必须照顾你。 ● 不要说你被他说的话吓到了，否则他现在必须处理好你和自己的感受。
	● “我看得出来你为此感到多么痛苦。” ● “你为此太伤心了。我真的懂。” ● “你真的很想要。我说不行的时候对你来说真的太生气了。” ● “我很高兴你对此感到高兴。” ● “是的，太有趣了！” ● “太可爱了。我同意！”

第八章

与孩子保持最佳关系

研究表明，特别的亲密关系时间对8岁和8个月的孩子来说同样重要。在本章中，我将向你展示如何与孩子建立最佳关系，我们共同探索游戏式育儿的力量，并向你讲解如何帮助孩子培养有趣、幽默和自主的个性。内容中还涉及很多得到脑科学支持的有趣想法，这些想法不仅可以帮你在孩子小时候丰富你们的亲子关系，也将成为对孩子未来生活的一种投资。

建立最佳关系

想要保持最佳关系，从一开始就要建立起最佳关系和沟通。良好的沟通不仅对亲密关系至关重要，对孩子的大脑发育也是至关重要的。你可以在宝宝出生前就和他建立亲密关系，这种关系会随着他的成长而持续。

在怀孕期间建立联系

准妈妈们经常轻柔地按摩腹部，试图安抚和调节正在肚子里踢腿的宝宝。许多准父母也会对他们未出生的孩子说话和唱歌。这些都是交流，但你可能会想："这有意义吗？这对我的孩子有好处吗？"答案是肯定的。小月龄胎儿就已经有社交需求和社交兴趣。研究表明，双胞胎从母体怀孕14周左右就开始相互交流，会有一些与对方互动的动作。

母亲的声音和抚摸（通过按摩腹部）是非常强烈的刺激，能从胎儿的手臂、头部和嘴巴的运动中看到明确的反应——大月龄胎儿比小月龄胎儿更明显。胎儿的听觉系统在母体孕25周时开始运转，但只能听到部分音频。扫描显示，胎儿会对平静的音乐或歌曲微笑，对喧闹的声音皱眉或哭丧着脸——他们显然讨厌嘈杂的、不和谐的音乐，更喜欢舒缓的音乐。婴儿能在出生后几个月识别出他们在母体孕晚期阶段听到的旋律。

思考

- 对于大多数家庭来说，母亲平均每天花1小时进行亲子相处，父亲平均约为35分钟。
- 超过三分之一的父母认为陪伴孩子不充分。
- 65%的父母表示只是偶尔和孩子玩耍。
- 六分之一的父亲表示不知道如何与孩子玩耍。
- 三分之一的父亲没有时间与孩子玩耍。
- 父母和孩子的对话中有三分之二是关于日常生活的。

思考

如果你是剖宫产，就无法从自然释放的催产素（也称为“纽带激素”）中获益，硬膜外止痛会阻断触发催产素的神经，这意味着使用硬膜外麻醉的母亲在分娩过程中的催产素水平较低。不过，当你开始母乳喂养后，催产素就会开始分泌，你的催产素水平很快就会与自然分娩的女性相同。研究还表明，剖宫产后立即或尽早进行母婴皮肤接触有助于母乳喂养，缩短从出生到首次母乳喂养的时间，有助于建立亲子关系、提高母亲的满意度，并减少新生儿的压力。如果你不能母乳喂养也不要担心，因为奶瓶喂养时的皮肤接触也会释放催产素。

沟通对母亲也有好处

轻轻抚摸你的腹部与宝宝交流对你也有好处。女性在腹部按摩后心情会更好，对母亲有好处的事对宝宝也有好处。研究表明，每周按摩20分钟有以下好处：减少抑郁和焦虑，减轻腿部和背部疼痛，降低母亲体内皮质醇水平。在生产前每小时阵痛的前15分钟，当伴侣从侧面按摩母亲的背部和腿部时，产程会平均缩短3小时，需要的药物也更少。接受按摩的母亲，其新生儿的皮质醇水平低于没有接受按摩的母亲的新生儿，且低出生体重的发生率降低了80%。

与新生儿的最佳连接

研究表明，母亲在婴儿出生后立即进行皮肤接触为婴儿提供了最佳的初次关系。在瑞典，这项行为已是医院的惯例。皮肤与皮肤的接触可以刺激皮肤中的感觉神经，从而触发催产素（见第88～89页）的释放。因此，母亲和孩子感受到了深深的幸福感；母婴之间的纽带和依恋程度提高；婴儿更少哭泣；母亲更少焦虑，更加细心，更能适应婴儿的需求；婴儿呼吸更顺畅；婴儿可以更早出院；母乳质量提高。

研究发现，在1岁时，出生后2小时内进行皮肤接触的孩子比没有皮肤接触的孩子更加平静，情绪更有节制，社交能力更强。

令人惊讶的是，到10岁时，早产出生后进行皮肤接触的孩子的压力激素水平也更低，自主神经系统系统（见第25～28页）更平衡，睡眠更好，认知更好，与母亲的关系也更好。当然，对于一些早产儿来说，待在保温箱里也是别无选择。

分娩后似乎有一个至关重要但非常短暂的发育机会窗口。如果足月婴儿在出生后1～2小时内被放在母亲的胸前（不需要将他们放到乳房上），大多数婴儿会自己找到乳房并本能地趴在上面。随着宝宝的成长，为了在晚上建立最好的联系，母亲可以脱掉睡衣。衣服会阻碍皮肤的感觉神经，形成一道屏障。

与新生儿的最佳沟通

由于现代科技的发达，你很可能会在喂宝宝的时候戴着耳机听音乐，或是玩手机或平板。其实，这是婴儿的额叶需要从关系互动中获得最佳刺激的时候，他们的社交、情感和认知功能可以因此发育得更好。出生时，婴儿只能看清20～30厘米远的地方——也就是从你的乳房到脸的距离。然而，他们可以听得很清楚。所以，只要你的宝宝醒着，就和他说说话。

试试——婴儿手势

你在做手势的同时说出一个词。你的宝宝会注意你的手势，并开始使用它。研究表明，有过手势交流的婴儿比没有的婴儿更早说话，这可以提高语言和认知能力。到3岁时，有过手势交流的孩子的说话能力与比他大1岁的孩子一样好，且这些孩子在8岁时智商测试得分也会明显更高。

思考

关于婴儿车的研究结果很明确。

如果婴儿面对父母：

- 婴儿的自主神经系统更容易被调节。
- 父母和孩子有更好的联系（眼神交流/微笑）。
- 父母和婴儿说话的次数比婴儿不面对父母时高出2倍，父母和婴儿更有可能大笑。
- 婴儿更平静。
- 如果父母跟孩子说话，孩子更有可能“回话”。

如果婴儿不面对父母：

- 父母的语言减少了一半，婴儿的语言减少了三分之一。
- 孩子们试图通过转身或哭泣来寻求父母的注意，但往往无法找到他们的父母。
- 很多家长都在看手机！

与宝宝交谈的“快乐源泉”

有些人认为，婴儿只有会走路和说话时才能进行真正的对话，但前6个月可能是孩子一生中最善于交际的时期之一。在出生后的前几个月，婴儿对面孔比对玩具更感兴趣，从大约3个月起，你可以用声音、文字，以及各种各样的面部表情和动作与他交流。遗憾的是，一些父母错过了这种重要的面对面交流，因为他们没有意识到孩子的能力，孩子错过了早期重要的大脑发育和“快乐源泉”（阿片类物质和多巴胺）的定期激活。与婴儿一对一对话的模式与成年人对话不同。选择一个时间，当你的宝宝完全清醒、不饿的时候，与他进行眼神交流。等待他找到你的眼睛。当他这样做的时候，你慢慢地发出一两个“啊”或“哦”的声音，每个声音之间都有一个停顿。重复停顿，然后保持沉默，让你的宝宝做出反应。如果他把目光移开，那就等着他再看过来。研究发现，一些父母没有了解这些规律，并试图让孩子始终看着他们。婴儿开始“追逐和躲避”，把头左右移动，最后通过静止不动和看着空气来避免目光接触。这不仅关闭了大脑中被激活的积极化学物质，还开启了高水平的压力化学物质。

当你和其他成年人在一起的时候，也要和你的宝宝聊天。他会喜欢“加入”。早期的语言发展非常重要，因为语言发育不佳也与行为问题有关，三分之二语言发育迟缓的3岁孩子有行为问题。

沟通策略

正如在第四章中所说的，我们在与婴儿的互动中，很容易变得过于激进或畏缩。因此，孩子不想和父母进行眼神接触，往往会中断连接。让宝宝重新建立连接是很困难的，因为他对于你的敏感协调反应能力失去了信心。研究表明，早期亲子关系中的不协调甚至会让孩子在12年后出现皮质醇水平过高的情况，特别是在男孩身上。

连接的关键方式

以下几种策略可以帮助你与年幼的孩子建立连接，或在需要的情况下重新建立连接，每种策略都旨在保持与5岁以下孩子的最佳沟通，以确保最敏感的协调机制。有一个关键技巧——观察、等待和倾听（OWL）（见下页），确保你能用最好的方式和宝宝互相协调。在你评论和跟随孩子的游戏时，复述和评论也是非常有效的方法。

通过复述和评论进行沟通

让你的孩子从你摆出的玩具中选择他想玩的玩具。然后观察、等待、倾听。当他玩一个玩具时，快乐地面对他。如果大一点的孩子在画画，你可以这样和他交流："我可以和你一起玩吗？你想让我怎么做？"如果他递给你一支画笔或一块海绵，那么在你们一起玩耍的时候，你可以轻轻地抚摸他的背部或偶尔拍拍他的脚。可以采用这样的评论策略："啊，原来你想把红色颜料涂到海绵上，现在你在纸上画了一些漂亮的线条。"经常称赞他："哇，好漂亮的一幅画，谢谢你。"

● 复述策略指与孩子在玩耍时的声音或动作保持一致。比如，他把两只玩具鸭撞在一起，你就拿起它们，然后做同样的动作。

• 评论你的孩子在做什么，而不是问问题，也不要只是复述他的话，根据他的句子长短进行回复；跟随他的游戏，不要质疑他的任何行为；利用游戏时间来帮助语言发展。如果孩子用一个词说话，例如“水”，你就用两三个词的短语回答，例如“水桶里的水”。如果他只用两个词的短语说话，那你就用更长的短语回应。比如他说“水洒”，你可以回答“是的，水洒在丹尼的手上”。如果他转而进行别的活动，跟着他并继续评论。这样，你不仅保持了他对某项活动的兴趣（这对他的自尊至关重要），而且你还为他创造了一种感觉：“我可以让世界变得更好，我所做的事非常重要，爸爸正在评论它。”

研究表明，父母在游戏中的言语注意力集中行为可以提高孩子的持续注意力、探索和社交技能、语言技能和象征性游戏能力。

试试——观察、等待和倾听（OWL）

迈卡的母亲在和迈卡玩耍时会犯一些常见错误：她选择玩具并引导游戏，这会激活孩子的压力激素。“看，迈卡，这是什么？这是一个红色的积木，把它和其他红色的积木放在一起。来吧，迈卡，像这样，你现在试试看。”迈卡觉得自己受到了打扰，并被期待着表演。他突然大哭起来，把积木扔向房间的另一端。

苏妮的妈妈不一样。她递给苏妮一把木勺玩，然后把它放在她面前的桌子上。她坐着观察、等待和倾听。苏妮想了想——记住，婴儿的思维过程和决策过程比成年人慢得多。妈妈把手放在桌子上等着，没有给她压力，“苏妮——慢慢来”。当苏妮尝试去做的时候，妈妈仍然会观察、等待和倾听。当苏妮开始玩起来，妈妈称赞她，用热情的声音来满足她！

最佳沟通

专业人士经常用“亲子游戏”来测试家庭文化或亲子关系的情绪健康状况。研究表明，在可能导致孩子表现不佳的问题亲子关系中，命令是高频行为，亲子“对话”中常有——“做这个”“不要做那个”，以及很多的“不行”和“停下”。这会触发孩子的愤怒、恐惧或惊慌/悲伤系统（见第33页），也会让孩子感到羞愧，释放出高水平的皮质醇。

坚决避免使用命令

你不可能在一个总是重复命令的家庭中拥有最佳关系，因为命令带来的生化反应最终会让每个人都痛苦不堪。在一个充满评论、选择和快乐养育的家庭里会有很多笑声。此外，孩子得到的命令越多，他就会变得越对立和叛逆。

改为使用评论和选择

一些父母主要通过命令进行交流，是因为当他们还是孩子的时候，他们的父母就是这样与他们互动的。有时，他们只是缺少一些替代方案。当父母以其他方式互动时，例如使用评论［心理学家苏·詹纳（Sue Jenner）将其称为“参与”］或选择，整个家庭文化的生化基础可能会改变，从而形成最佳关系。

思考

如果你每天都通过表扬和陪玩给孩子优质的陪伴，并将命令和批评控制在最低限度，孩子的大脑化学物质就会习惯于最佳水平，并具有抗攻击性。因此，孩子很少需要管教，因为他不会有兴趣和你吵架。

- 命令和评论之间的区别。3岁的莫来到餐桌前，抱着她最喜欢的青蛙玩偶，想把它喂饱。喜欢命令的父母可能会说：“把你的青蛙放下，莫，我们在吃饭！”这会让莫哭起来。相反，评论性回应会是：“啊！

案例——在餐厅

5岁的达拉和她的爸爸在一家餐馆吃饭。爸爸在短短20分钟内就向达拉发出了25个命令（“别玩餐具”“坐着别动”……），而没有任何评论或赞扬。达拉想说话又有点犹豫，爸爸的反应是：“到底想说什么，你倒是快说呀！”达拉泪流满面地说：“爸爸，我什么都没有做错啊。”她说得一点都没错。如果爸爸想要和达拉建立最佳关系，他应该在吃饭时带上一个玩具或玩偶来满足达拉的刺激饥渴（见第210～211页）。无聊会触发孩子的压力激素，如果不能通过某种形式的身体释放（坐立不安、爬到座位上、钻到桌子底下），他就无法应对。

你把青蛙带来吃饭了。你好，青蛙！你今天怎么样？我听说你也饿了！”

●通过孩子主导的游戏进行交流。命令也会影响亲子游戏时间。在父母主导的游戏中，命令、控制和批评扮演着重要角色，很可能会使孩子大脑中的阿片类物质失效，让他感到痛苦。包含大量命令和批评的家庭文化中的孩子经常会出现困扰或孤僻行为。孩子主导的游戏（见第180～181页）意味着跟随孩子，而不是带领，你的关注会使他的大脑释放幸福化学物质。

●通过监测命令和批评与评论和赞扬的比例，苏·詹纳发现，如果在家庭文化中，1次赞扬或“参与”对应着6次命令或批评，你的孩子就有可能患上“对立–违抗”障碍或其他心理健康问题。如果孩子在非游戏状态下，突然紧张、痛苦或过于严肃，请注意你使用命令的数量，也要注意其他家庭成员如何与你的孩子互动。如果他们使用的命令太多，请提醒他们。

●别说“不”，试着说“你不能那样做……但你能做的是……”，事情会有所改变。对于孩子来说，一句“不行”可能会让他感到羞愧，让他关上心门。“不行”只能在严重的紧急时刻才可以说。例如，阻止孩子跑到大路当中。记住，孩子被批评时触发的压力激素很容易阻断大脑中美好的化学物质多巴胺的释放。使用选择可以提供一种不会让孩子感到羞愧的方式来给予惩罚，同时确保不会破坏孩子的探索系统（见第32页）。

快乐育儿方式的作用

在这个世界上，你会喜欢待在一些人的身边，他们的活力、包容和温暖非常具有感染力；相比之下，另一些人则有些压抑和畏缩，大部分时间生活在狭小的心理安全区内。他们虽然也可能让人喜欢，但你永远不能真正和他们一起飞翔，也不能分享快乐时刻。经常参与愉悦社交的能力受到童年时期关键关系经历的巨大影响。本节将讲述父母如何与孩子建立健康和快乐的亲子关系，所以你也可以陪养出一个充满活力、包容和温暖的孩子。

第一份爱

当你爱上你的宝宝时，对于宝宝来说这是一份美好的礼物；如果他也爱上了你，那就更棒了。两个半月大的时候，婴儿开始使用强烈的眼神接触，你可能会花很长时间与你的宝宝相互凝视。婴儿在看其他物体时不会这样，他们喜欢看脸。你脸上高兴的表情可以告诉你的宝宝他有多可爱。

有些父母在孩子出生时就爱上了他们，但对于其他人来说，这可能需要更长的时间，通常是因为他们认为婴儿在学会说话之前并不有趣。他们没有意识到的是，婴儿能够进行最精彩的对话（见第179页）。正因为有些父母没有意识到这一点，导致失去了一些早期塑造宝宝大脑的机会。

建立自尊

一对一的亲子时光也是孩子建立自尊的基础。有幸在幼年时期与父母拥有很多美好亲密时刻的孩子，他们的情感确实会更加丰富。“让别人开心”的基础是孩子能够意识到自己的可爱、有趣之处。错过了幼年时期强烈的、一对一的关爱时光的孩子，在以后的生活中，可能会更容易受到自尊的困扰。

创造对生活的热爱

孩子爱上父母是非常重要的，因为这种爱往往会转化为对生活的热爱。以4岁的埃米利奥为例，她很快就爱上了她的爸爸。爸爸刚刚在桌子上放了一些新的小罐果酱当早餐，埃米利奥就兴高采烈地说：“哇，这是我见过最好吃的果酱了！”这一回应表明，埃米利奥已经开始将对父亲的爱转变为对生活的热爱。

当你的孩子慢慢长大

父母和孩子之间任何形式的温暖身体接触都可以加强他们之间的纽带。与慈爱父母“一对一”的任何时刻都会激活幸福化学物质（见第88～91页）。研究表明，拥有温暖身体感情的社会关系和家庭关系的人在愤怒和攻击方面的问题要少得多。

不幸的是，在一些家庭中，拥抱和身体嬉戏在孩子婴儿期之后会急剧减少，然后在孩子5岁和进入青春期后分别又会再次急剧下降。在青春期，孩子会自然而然地离开父母，但在缺乏身体关爱的亲子关系中，这种情况可能会更早开始。例如，告诉你还在上学的孩子“你现在太大了，我不会抱你了”，这是一个严重的错误。一些有这种经历的孩子开始远离他们的父母，导致情感纽带减弱。许多这样的孩子的防御性达到很高的程度，即使父母偶尔想给他们拥抱，也会被他们拒绝——这种拥抱来得太少也太晚了。更重要的是，如果童年缺乏亲密接触，孩子在成长过程中可能会觉得“身体很麻烦”。自我伤害、吸烟、酗酒、滥用药物和身体忽视，这些情况都被证明与缺乏亲密接触和亲子游戏有关。为了让孩子在成长过程中感到平静和安全，并接受自己和自己的身体，父母需要提供大量温暖的身体接触，因为这会激活阿片类物质、催产素和催乳素达到最佳水平。

高度亲密时刻

这是你和孩子互相理解的时刻，也是让孩子感受到被爱和能够去爱的关键。高度亲密时刻是情感联系最为强烈的时候，父母和孩子不会分心，也不会专注于第三者（比如电视或电脑游戏）。比如，孩子突然张开双臂拥抱你，然后说：“我爱你，妈妈。”作为回应，你把他抱起来，给他一个美好的拥抱，他会开心地笑个不停。高度亲密时刻还包括沉浸于亲密时刻，并自发地相互拥抱。在这些时刻，你的孩子会在他的快乐或痛苦中感受到深深的满足。

脑干深处有一个结构，即蓝斑核，当发生一些重要的事时，它会被强烈激活——比如在高度亲密时刻。它给大脑注入去甲肾上腺素。当这种情况发生时，事件、想法和印象更有可能变得牢固，成为孩子成年后的珍贵记忆。他们会建立一种强烈的感觉——和其他人分享美好的时刻会让他们感觉很愉快。

向孩子学习

孩子是高度亲密时刻的好老师，只要我们乐于学习，孩子可以告诉我们所有关于情感联系的知识，即使我们忘记了，他们也可以重新教会我们。经历过众多高度亲密时刻的

你和孩子拥有多少高度亲密时刻?

想一想你和孩子最近待在一起的几小时，有没有发生过以下情况?

- 你自发地给孩子拥抱，或其他深情的身体动作。他自发地给你拥抱或亲吻，你也优雅地接受了。
- 你自发地告诉你的孩子他擅长某件事。
- 你参与了粗鲁玩闹或轻柔玩闹的游戏。
- 你们的目光以关爱或温暖的感觉相遇，或是你们一起大笑。
- 你们共享了一段平静的时刻（例如，一起读书）。
- 你们的问候和道别是美好的联系时刻，而不是匆忙的扫兴时刻。
- 你的孩子想和你聊天，你会全神贯注地倾听，并做出良好的回应。

如果上述情况大部分很常见，那么你与孩子相处的方式可以培养他平和地爱的能力。

婴儿很快就会成为专家。很多婴儿都擅长强烈的凝视，他们可以与陌生人进行真正的“交流”。例如，你在一家咖啡馆里，一个婴儿可能会吸引你的眼球，然后你们俩就可以进行一次“亲密交流”。然而，如果你的亲密能力在自己的童年时期遭到了破坏，并且在成年以后也没有得到治愈，那么你的孩子也不会用这种至关重要的方式与你交流。

创造美好时刻

一些家庭拥有很多积极的高度亲密时刻，而另一些家庭则没有。有些家庭只是没有一家人聚在一起做一些美好的事。有时，只需很少的时间就能让情况变得更好。例如，你可以在孩子的枕头上留下惊喜的纸条，写下你对他的感激之情，或者用小礼物、蛋糕以及一支点燃的蜡烛举行家庭庆祝活动（不是过生日）。或者，可以考虑举办一个家庭电影之夜，准备一些爆米花和零食。如果你家不止一个孩子，当你们去咖啡馆时坐在圆桌旁比方桌旁更能有效互动。看到一家人在外面吃饭时都在看手机真是太令人难过了——一起出去吃饭是建立联系的黄金机会。所以，你可以规定在家吃饭时不允许使用手机，外出时可以带上有趣的家庭玩具。如果是成年人之间的饭局，那么尽可能不要带孩子，如果只能带上孩子，请不要简单地把iPad给他们，无视他们而自顾自交谈。

亲子身体游戏

在低位脑深处有一个游戏系统（见第32页），这是一个非常重要的系统！它非常强大，在孩子的社交商、情商以及心理健康方面发挥着关键作用。大脑的游戏系统是快乐社交的关键。你可以和一些人尽情“飞翔”，感觉不可思议地充满活力，体验充满强烈快乐的分享时刻。总体而言，这位“飞翔者”的父母很可能反复激活了他大脑中的游戏系统。

思考

问候和告别可以成为高度亲密时刻，也可以让关系变得脆弱或破裂。你可以大声地告诉孩子你有多爱他。你想他了吗？你很高兴见到他吗？一位著名的神经学家详细讲述了在团聚经历中，父母的不良回应可能对孩子的大脑和身体系统造成的不利影响。你是否拥有足够的勇气、爱意和自发性，当你下次问候你的孩子时，可以张开双臂向他打招呼，或是把他抱在怀里，在脸上表现出温暖和喜悦的感情？

这个系统在孩子玩玩具时并不会被激活，但会在亲子身体游戏（粗鲁玩闹或轻柔玩闹），也就是身体与身体的接触时激活。你越是通过快乐的身体游戏互动来激活孩子的游戏系统，他的大脑和自主神经系统就越能在以后的生活中承受强烈的社交快乐和兴奋状态。如果我们小时候没有遇到过这样的快乐，那么当我们成年后感到兴奋或处于其他高度兴奋的积极状态时，我们往往会感到焦虑，从而破坏这些美好的经历。一位女性的父母在她的整个童年都表现得很沮丧，结果每当她在朋友的陪伴下开怀大笑或开心时，都会被灾难性的想法破坏——“我忘记关煤气了吗？”

大脑游戏系统的激活方式，取决于我们的人际关系经历，尤其是童年时期的经历。许多人能感受到愉快和享受，但不是强烈的快乐或兴奋，因为他们的游戏系统在他们的亲子关系中没有被充分激活。

激活快乐

快乐是一种身体状态。如果我们感受到快乐，这意味着，除了大脑中的“快乐因子”、阿片类物质和多巴胺激活外，自主神经系统（见第25～28页）也激活了适量的肾上腺素，让肾上腺素冲刷过全身。这会让你产生那种在分享乐趣或喜悦的时候发自内心想大笑的感觉。我们能感受到肾上腺素的增加，因为我们的心率会提高、呼吸会加快。

在童年时期，这些大脑化学物质的反复激活可以使孩子获得许多奇妙的人类天赋——更加主动，拥有追随梦想的动力和希望，并对世界上美丽而惊人的事物感到敬畏、惊奇和喜悦。这种特殊的大脑化学物质还能提高面对压力时的适应力，以控制轻微的压力源。这种坚实的基础可能会使孩子在一生中更有能力保持或迅速恢复对生活的希望、乐观和“我可以”的态度。

好的压力激素

有趣的是，游戏系统也会触发压力激素，但它不会导致细胞死亡和其他伤害事件。快乐之所以会有“压力”，是因为它也是一种高度唤醒状态。孩子在快乐时也需要他们的父母对他们进行情绪调节，这就是所谓的“兴奋调节”。

想一想当你还是个孩子的时候，那些和你共处快乐时刻的人；想一想那些快乐的时刻，例如，你的父母和你一起玩游戏，和你一起大笑。这些都是在愉悦的高度亲密时刻。

什么是身体社交游戏？

这既包括粗鲁玩闹，也包括轻柔玩闹。身体社交游戏可以影响孩子的大脑，强化孩子的社交联系、幸福感，让他们发出笑声，许多科学家认为它还可以让人减少抑郁。几个世纪以来，人们都知道游戏对孩子是必不可少的，但现在我们有了一些令人震惊的脑科学理论来支持身体社交游戏（而不是玩玩具）的特殊重要性：

- 高位脑（涉及认知功能、社交商、专注度、注意力和良好管理压力的能力）的额叶可以促进大脑发育和成熟。
- 让我们停下来，看一看，听一听，感受周围微妙的社交信息。

“我们一起度过美好时光”

快乐是人际关系的产物。伴随着高水平的身体唤醒，肾上腺素、多巴胺和阿片类物质都达到最佳水平，我们感到活力十足、头脑清醒、精力充沛，可以做我们想做的所有事。“当大量的多巴胺突触被激活时，一个人会觉得自己好像可以做任何事。”

那些能让自己体验兴奋的人和那些似乎会抗拒兴奋的人之间的差异，是由育儿方式导致的。育儿方式会影响孩子的大脑和自主神经系统是否能在未来生活中承受快乐所带来的紧张和兴奋。

●激活大脑和身体抵抗压力、促进健康的身体运动机制（游戏系统）。

●减少冲动、过度活动和注意缺陷多动障碍（ADHD）等行为，并提高可能持续一生的良好专注、目标导向等行为的能力。

●发展大脑的情绪调节能力和对原始攻击性冲动（例如，想要用言语或拳头攻击某人的冲动）的自然抑制能力。经常玩耍的动物在成年后表现出的攻击性比不常玩耍的动物要少。

●减少因阿片类物质而产生的心理痛苦。如果你的孩子想念某个人，或者你不得不离开他去工作一段时间（这会触发他大脑中痛苦的阿片类物质戒断状态），身体社交游戏可以减轻这类痛苦。

●帮助大脑的游戏系统与额叶完美协调地工作。

亲子身体游戏甚至可以促进高位脑中的生长因子。我们从对动物的研究知道，身体游戏会触发脑源性神经营养因子（BDNF），这是大脑的“养分”，在大脑的额叶区域表达。BDNF是一种蛋白质，它会向突触（使一个神经元或神经细胞向另一个神经元传递电信号或化学信号的结构）“施肥”，保护脑细胞，并在大脑的某些区域再生脑细胞，从而促进神经元发育。BDNF还可以促进儿童大脑中的去甲肾上腺素和多巴胺系统（对儿童能够专注于学习至关重要的系统）的发育。有许多被诊断为注意缺陷多动障碍（ADHD）的儿童，他们的这些系统发育不良。正因为如此，无论是发展关系还是身体社交，游戏已经被证明对一些儿童具有与小剂量的哌甲酯（商品名“利他林”，用于治疗ADHD的处方药）同样的效果（见第196页）。

关系性游戏甚至可以在海马体（见第19页）中促进新的大脑生长。对于生活艰难的孩子，大脑的这一部分经常显示出因压力而受损的迹象。对人类进行的长期纵向研究表明，反复的积极情绪状态与其在今后生活中对抑郁和焦虑的适应力直接相关，可以改善整体的身体健康状况，减少因各种原因导致的死亡。关系性游戏也具有天然的抗压作用，它可以促使阿片类物质大量释放，带来强大的积极情绪状态。互动游戏可以增强儿童的额叶情绪调节功能，帮助孩子更好地管理自己的情绪。在接受关系性游戏课程之后，孤儿院的孩子们有了巨大的发育进步。

身体上的关系性游戏可以表现为成年人和孩子之间的粗鲁玩闹和轻柔玩闹。这种热闹的游戏方式能让孩子进入快乐的状态，可以让孩子爆发出欢笑或尖叫。例如，当你抱着孩子旋转或是挠他痒的时候，你就是在和他进行这种形式的社交游戏。有身体接触的面对面的玩耍也属于这类游戏，还有那些自发的、意想不到的、与孩子在一起的开心时刻，比如当你说："哎呀，我要吃掉你的小脚丫！"然后假装做这件事；或者你假装快递员对孩子说："啊，包裹到咯！"然后把他抱起来，放到另一个成年人的腿上。

孩子们之间的身体游戏

孩子们之间的粗鲁玩闹和轻柔玩闹包括在地板上愉快地打滚、互相推搡、打闹嬉戏。孩子们无拘无束，如果没有成年人在旁边看着，他们可能会受伤。和你在一起进行身体游戏更为有效，因为你作为成年人的回应，以及你更高级的额叶功能，将比孩子们之间的回应更协调。此外，因为你的多巴胺被激活，也会让孩子保持最佳激活状态，游戏也可以持续更长时间而不被中断。

你的孩子的自尊心

与孩子进行身体上的关系性游戏是孩子保持自尊的关键。就像和婴儿在一起的时候一样，经常与孩子一起共享快乐时光，可以确保孩子觉得自己是一个可爱的、讨人喜欢的、能够带来快乐的人。你们两人之间的嬉戏时光是真正的相处时刻，也是充满活力的时刻。你们自发地、自由地、带着爱意和喜悦地相互拥抱。

当你2岁的小女儿突然张开双臂拥抱你，说“我们一起玩吧，妈妈”时，你可能会把她抱到沙发上，而她则会大笑着回应。这样的时刻将形成非常重要的记忆，为孩子传达关于自我的重要心理意义。你的回应告诉他，和他在一起很有意思、他是一个讨人喜欢的孩子、有人在深爱着他。事实上，在这些时刻，去甲肾上腺素会被强烈激活（见第186页），这意味着新的记忆很可能会被巩固，这可能就是有幸经历过这些时刻的成年人如此珍视这些记忆的原因。

缺少打闹游戏

如果孩子的打闹游戏不够多会发生什么？忽视打闹游戏，对孩子来说很危险。研究表明，如果孩子没有得到足够的打闹游戏，为了弥补失去的机会，他就会更想玩打闹游戏，而且经常在错误的时间玩耍——他的玩耍冲动会被不适当地释放出来。这种情况发生在一些患有多动症的儿童身上。一项研究发现，在学校没有时间玩耍的孩子会出现多动症症状，在课堂上无法安静地坐着集中注意力。

孩子多久需要一次身体游戏？

研究游戏的脑科学家估计，婴儿身体每天需要花大约1小时与你、另一个孩子或成年人进行关系性游戏。当然，玩耍可以被分成好几个阶段，一天合计1小时，比如，早餐前一次，幼儿园或学校接送时一次，晚上有几次，睡觉前再来一次。但如果你的日程非常繁忙，那么即使每天一次的身体游戏也是很棒的。

如果有更多的幼儿园积极支持关系性游戏，除了玩具以外，也提供粗鲁玩闹或轻柔玩闹的机会，那就太好了。另一个好主意是在社区里设立亲子游戏空间。从未和自己的父母经历过关系性游戏的那些父母，也可以坐下来看看其他父母是怎么和他们的宝宝进行关系性游戏的。

是多动症，还是玩得不够？

患有注意缺陷多动障碍（ADHD，俗称“多动症”）的孩子有多动、冲动和注意力不集中的症状。他们很难集中注意力、专心于任务、遵循指令、组织活动和倾听。他们经常不合时宜地奔跑和攀爬，就像身上装了一台小马达。他们很容易感到无聊，如果他们不能完成一项学习任务，就会变得非常沮丧。他们经常坐立不安、扭来扭去，可能会冲动地对其他孩子发脾气。患有多动症的孩子可能会对你说很多话，很难等别人把话说完——打断、扰乱、充满破坏性。

多动症患者的一个主要问题是他们的额叶还没有完全“形成”。正如我们已经看到的，互动游戏可以帮助孩子的额叶发

思考

和孩子一起在地板上打滚、大笑可以让他进入难以置信的快乐状态，他成年后可能还会记得。这看起来很难以置信，但孩子和朋友一起在草地上翻滚对大脑的健康发育影响是必不可少的。这种类型的游戏不仅是原始运动（比如跑步和攀登）冲动的出口，而且能促进高位脑的发育。在未来的生活中，这些孩子能更好地管理自己的情绪并应对压力。

强烈的快乐情感会在大脑中产生美好的化学物质，但也会激活高水平的身体唤醒和压力化学物质。因此，一项必不可少的育儿功课就是帮助你的孩子去处理“快乐的压力”，避免他感到不堪重负。每次你的快乐能量遇到孩子的快乐能量时，你都应该这样做。因此，如果你的孩子拿着他画的一幅画高兴地跑到你面前，或者当他在蹦床上兴奋地跳跃时，试着用你的表情、语气、姿势和动作来配合他的喜悦。如果你和孩子正在开心地玩耍，然后你突然停下来接了个电话，他的愉悦水平可能会直线下降，身体唤醒程度太过强烈，他无法独自应对，这可能会让他大哭并感到沮丧。

育，有助于多动症孩子自然抑制原始的运动冲动，并更好地应对压力情况。

为什么用药不是好办法

有些人没有意识到互动游戏可以增强额叶的调节功能，认为治疗多动症的唯一办法是用哌甲酯进行药物治疗，这是一种苯丙胺，就像可卡因一样。哌甲酯常见的副作用包括头痛、恶心、失眠和食欲不振。家长和老师经常反映，服用它的孩子似乎失去了乐趣、活力和玩耍的能力。停药的话可能会出现“反弹效应”，包括烦躁、抑郁和疲惫。更重要的是，研究表明，如果给青春期前的哺乳动物服用这种药物，它们的多巴胺活动会终身减少，这是因为这种药物会过度填充多巴胺系统中的神经元，并会随着时间的推移耗尽它。帕金森综合征是大脑多巴胺水平降低的结果，但我们还不知道青春期前服用哌甲酯的孩子是否具有患早期帕金森综合征的特定风险。

对哺乳动物的研究表明，互动游戏与小剂量的哌甲酯一样有效。许多孩子服用鱼油（不是药物）也可以停止过度活跃。鱼油可以提高血清素水平，从而抑制冲动。

好好玩耍，好好生活

大脑游戏系统的激活是好好生活的关键。当这一系统在童年时期被最佳激活时，它很可能为未来的生活奠定重要的基础，为人际关系带来乐趣。游戏冲动可以转化为重要的社会能力。

成年后，当游戏系统与高位语言大脑结合时，很可能会产生新的游戏形式，如幽默和思维游戏，像是“头脑中的游乐场”。面对逆境，幽默感是保持心理健康的重要能力。

我不是很擅长玩耍，我该怎么开始呢？

首先，不要为难自己——玩耍对每个人来说都不是天生就会的。一个可能的原因是，在你的童年里，你从来没有接受过高质量的一对一亲子游戏。

以下是一些与5岁以下儿童玩耍的点子，坐在孩子对面的地板上，如果你感到不知所措，可以找一些道具来帮助你。例如，你们可以从吹泡泡开始，或是和孩子轮流向空中扔一袋羽毛，看看谁能在落下之前接住，你们还可以互相在脸上乱涂乱画。最重要的是，你的声音保持轻快而有趣。

虽然玩耍是一种天生的基因冲动，但它需要合适的表达环境，这意味着你的孩子必须在心理上感到和你在一起非常安全。一旦你成功激活了孩子大脑中的游戏系统，他的欢呼声很快就会变得更加强烈，你们都会想要更多这样的游戏时间。如果玩耍对你来说仍然很尴尬，那就确保在孩子的生活中有一些人（包括其他孩子）可以每天和他进行1小时的社交游戏吧。

美好时光

父母都想和孩子一起度过最美好的时光，我们天生知道什么时候能与孩子相处愉快。有时候自己因为忙于其他活动而没能和孩子好好相处，这不仅是孩子的损失，也是我们的悲哀。

考虑到工作和家庭生活之间的种种压力，父母能与孩子共度美好时光，已经是非常令人期待的事。一项对美国2000名有5～12岁孩子的职场母亲的抽样调查发现，她们平均每周工作98小时，大约相当于要做2.5份全职工作。

玩依恋游戏，享受最佳时光

好消息是，依恋游戏（你们通常面对面坐着或站着以获得最佳眼神交流）可以保证亲子之间有大量的互动时刻。依恋游戏可以是任何以你们的关系为绝对焦点的活动，它的持续时间可以非常短。我并不是说依恋游戏比你们一起去动物园或公园玩一天要好——你的孩子两者都需要。你可以从“有效时刻”而不仅仅是“有效时长”的角度来思考。

依恋游戏有什么帮助？

依恋游戏有助于大脑发育，因为它可以激活孩子低位脑中的两个强大系统：关怀系统和游戏系统（见第32页）。游戏可能包括玩具，但这些玩具只是为了在你们之间的互动中增加乐趣——你们的游戏应该包括非常亲密的面对面时刻。

这种类型的游戏提高了父母或照顾者与孩子“真心”相处的机会，汇集了快乐连接的许多方式——触摸、音乐、节奏、幽默和想象力。它包括一些能让人们感觉到联系的关键因素，如眼神接触、触摸、协调、倾听、温暖、感兴趣的面部表情、开放的姿势和俏皮的语气。

依恋游戏对于建立积极的自尊（发现自己在别人眼中是可爱的）至关重要，而且只能通过亲密时刻来实现。依恋游戏还有助于培养孩子的自主性和对人际关系的信任。你对他的反应表明：我很关注你，我很高兴和你在一起，你很受人喜欢。

为什么我的孩子不能和朋友一起玩或自己玩呢？

我并不是说必须非此即彼——每种游戏方式都有不同的好处。然而，研究表明，依恋游戏可以调节情绪，增强大脑的高级功能，并使大脑习惯保持幸福化学物质（阿片类物质和催产素）的最佳水平（参见第一章，第14～37页）。虽然孩子们彼此是很好的玩伴，但他们没有成熟的额叶功能，无法为彼此提供成年人在依恋游戏中可以提供的情绪调节。对处于高度兴奋状态的孩子进行情绪调节，有助于让他保持长期的自主性、活力和身心舒展。

思考

依恋游戏会带来笑声。笑是一种生理反应，它能激活大脑中的奖励通路，可以提高免疫功能、降低血压、减轻压力，并促进阿片类物质的释放。研究发现，当周围有其他人时，人们大笑的次数是独自一人时的30倍。正如美国神经学家罗伯特·普罗文（Robert Provine）所说：“让你大笑的不是一个笑话，而是另一个人。”

让孩子主导游戏。坐着或躺着，和孩子处于同一高度，进行眼神交流并相互回应。依恋游戏提供了令人惊叹的彼此相处和愉快联系的时刻。

怎样才算好的依恋游戏？

坐在地板上或垫子上，或把孩子放在你的大腿上。你们双方都能进行眼神交流才是最重要的。

- “你拍一我拍一”这类拍手游戏对婴幼儿来说很有趣。
- 在你的大腿上玩对5岁以下的孩子来说很棒。对于婴儿，你可以在把他举到空中时唱童谣。对于大一点的孩子，把他放到你的大腿上，然后说：“我的膝盖上有一块果冻，摇啊摇，晃啊晃。”
- 面对面的游戏可以发展依恋关系。如果父母很擅长游戏，那么婴儿会很自然地进行面对面的游戏。但对于大一点的孩子，可以尝试“贴鼻子”游戏，问：“我的鼻子上可以贴红色贴纸吗？我能在下巴上贴蓝色的吗？”然后互换；或者发出声音——当孩子按压你的鼻子时，发出哔哔的声音。
- 玩一些能激发想象力的游戏。比如，玩气泡，看看谁能用不同的身体部位把它们撞开；或者玩气球，数数你们两个能让气球在空中停留多长时间。在你的包里放一个玩偶（选择嘴巴可以动的玩偶，它们更有表现力），你可以在无聊的路途中用它和孩子玩依恋游戏。如果你的声音很有趣，5岁以下的孩子可以进入幻想世界。

试试——击掌游戏

婴儿喜欢鼓掌和动作游戏。你们可以一起玩各种各样的游戏——孩子喜欢模仿你的动作，这也是他学习的方式。跟着童谣一起唱、打拍子，同时评论孩子正在做什么，有助于保持他的兴趣。如果孩子还不会拍手，你可以把他的手握在你的手中，帮助他做出有节奏的动作。

思考

击鼓可以激活尾状核（见第19页），从而触发对他人的温暖的亲社会情绪。父母和孩子之间的击鼓依恋游戏在任何年龄段都非常受欢迎，它被证明可以：

- 让人放松，减轻压力。
- 增强大脑中的θ波模式。
- 降低血压。
- 触发镇静化学物质的释放。
- 增强免疫系统，增加抗癌细胞。

研究表明，在一起击鼓后，孩子会：

- 不那么畏缩、好动、叛逆。

此外，由于社会和情感行为明显改善，孩子的注意力也得到了改善。

- 音乐依恋游戏可以触发伏隔核（大脑深处的一小块区域）。伏隔核参与大脑的情绪处理活动，触发奖励化学物质，让人感觉良好。婴幼儿很喜欢用锅碗瓢盆敲打出声音（或是背景音乐）。5岁以上的孩子更喜欢一些有节奏的音乐。对于大一点的孩子，可以放一个大鼓，和他轮流在鼓上弹球，然后用帽子接住它。

释放大脑幸福化学物质的活动

你需要承认，有时你和孩子之间的关系不太好。也许你们意见不一致，或者工作压力太大，导致你对孩子过于苛刻或情绪化。可能会有太多的压力让你们感到恼火、想要喊叫、有压力。如果你从“大脑生物化学”的角度来考虑，你就会知道你有能力改变自己的生化状态，以改善你和孩子的关系。选择一项能激发幸福化学物质的活动，你可以改变自己和孩子的情绪，修复破裂的关系。选择那些在生化上有益你们的活动——那些能降低过高的压力激素水平和引发催产素和阿片类物质释放的活动。

主动为孩子做足部按摩或背部按摩

研究发现，即使只是牵着所爱之人的手，也可以阻断大脑中的压力反应。还有研究表明，按摩会触发催产素的释放，这不仅会减少焦虑和恐惧，还会建立一个人接近他人和与他人相处的欲望。按摩最好是在裸露的皮肤上进行，皮肤中的感官感受器可以与大脑沟通，触发幸福化学物质，从而平静身心。最近的研究发现，皮肤中的“C触觉纤维”会对中等压力和轻柔抚摸做出反应，它可以激活大脑中被称为“脑岛”的部分，该部分可以触发幸福、开心、共情和信任的感觉。

一起泡个温水澡

皮肤中的感觉神经也会受到高温的刺激。和你的孩子一起洗个澡吧。如果你的孩子超过5岁，你可以尝试给他使用按摩浴缸或热水浴缸，前提是水温是安全的。

试试感官房或帐篷

感官房或帐篷是让你和孩子的大脑中释放幸福化学物质的完美场所。这些狭小的黑暗空间有着美丽柔和的灯光和平静的音乐——灯光和音乐会激活催产素。

一起去绿地郊游

研究表明，在大自然中待20分钟后，儿童的专注度和注意力水平会有提高。研究还发现，即使在短短20分钟的时间里，绿色游戏对患有多动症的儿童来说与药物效果一样好，甚至更好。也有证据表明，在绿地中一起散步：

- 能使身体平静（例如，降低血压和胆固醇水平），降低皮质醇水平。
- 对脑电波模式产生积极影响，带来更高的冥想状态和更低的挫折感。
- 让自主神经系统平静下来。
- 出现压力症状（包括消化系统疾病和头痛）的频率较低。

要点

● 在怀孕期间与宝宝交流，从一开始就建立起最佳关系。

● 坚决不使用命令。每天用快乐的育儿方式养育孩子，不要在他玩耍时问问题。

● 给孩子提供一些成年人陪伴的游戏。坐在他的对面，和他保持同一高度，评论他正在做的事，模仿并调整他的声音和动作。

● 从“大脑生物化学”的角度思考，选择有益于激活幸福化学物质的美好时光活动。

● 每天抽出一些时间一起进行一些活动，让提升和巩固亲子关系成为最重要的事。

第九章

叛逆行为

所有父母都会在某些时候经历孩子的叛逆行为，本章将向父母展示有关不良行为的科学和心理学解释。本章还聚焦孩子乱发脾气的问题，这是很多父母都觉得需要帮助的地方。一些儿童行为专家建议忽视那些乱发脾气的孩子，但这并不是最好的建议。在本章中，我将解释为什么只关注孩子的行为（而忽视孩子的痛苦和需求）会让孩子失望。

了解孩子不良行为的原因

当你的孩子变得惹人讨厌时，这不仅仅是因为他很调皮——尽管有时候你可能会有这样的感觉，孩子是有着高度复杂的情感反应和心理、生理需求的人，如果我们把一切归结为行为问题，就很容易忘记思考是什么导致了这种行为。

父母可以做很多事来防止孩子出现叛逆行为。本节旨在通过解释孩子调皮时大脑中发生的事，以及父母如何帮助孩子避免或解决麻烦事件。在应对叛逆行为时，我们需要注意孩子的感受和关系问题，而不是仅仅关注行为本身。了解引起不良行为的6个关键原因将有助于你对孩子做出适当的反应。我们现在逐一说明。

原因一：疲劳和饥饿

当孩子对睡眠或食物的生理需求得不到满足时，他们常常表现得非常糟糕。食用某些食物或饮料可能对他们的大脑和身体造成严重伤害。研究表明，睡眠不足与调节身体唤醒的自主神经系统失衡有关（见第46～47页）。当这一系统处于平衡状态时，天然的镇静机制就会发挥作用，帮助孩子稳定情绪。当睡眠不足时，这些机制可能不再正常工作，自主神经系统的交感分支过度活跃，使孩子进入过度兴奋的状态。当孩子处于压力状态时，睡眠不足也会加剧负面情绪。此外，它还会导致血糖水平失衡，从而对情绪产生影响——包括好斗、焦虑和抑郁。

把不良行为归咎于生理原因，比思考复杂的情感和人际关系需求要容易得多，所以当孩子表现不好时，许多父母总认为是疲劳的原因。如果孩子并不累，而是因为其他原因不开心，这个错误判断就会让孩子经历一次痛苦的误解，从而错过解决问题的机会。

“抱歉，我只是受够了”

当孩子的行为具有挑战性时，父母很难去思考为什么。儿童是高度复杂的生物，但他们还没有成熟到能够有效地传达这些感受。这可能导致他们做出具有挑战性的行为。如果你花时间与孩子谈论他的行为，试图了解根本原因，他的真实感受往往会水落石出，你就可以找到一种创造性的方法来解决这种问题。

饥饿是如何造成破坏的

饥饿会扰乱激素水平。如果孩子的血糖水平过低，他们的身体会释放压力激素，包括皮质醇和肾上腺素，用于提高血糖水平。然而，皮质醇和肾上腺素的强烈激活意味着孩子可能出现以下症状：焦虑、烦躁、好斗、恐慌、困惑和情绪低落。这些痛苦的情感可能会通过乱发脾气的形式发泄出来。低血糖还会使大脑失去葡萄糖供应，这可能会导致孩子的行为失控，就像人们在酒精影响下的行为一样。

思考

对婴儿的研究表明，鱼油中的DHA（一种omega-3脂肪酸）对正常的大脑发育、思维和注意力是必不可少的，它还能提高血清素水平。一项研究表明，低水平的DHA可以引发以下问题：

- 乱发脾气。
- 睡眠问题。
- 行为问题。
- 学习问题。

研究表明，不吃早餐会导致行为过度活跃。适当的早餐可以改善孩子的学习成绩、心理健康和行为。当不吃早餐的孩子开始吃早餐时，他们在接下来一天里的情绪会稳定得多。

糖果和甜食可能导致不良行为

空腹进食巧克力和甜食，而没有搭配适当的食物或足够的蛋白质，会使孩子体内的血糖处于极高状态。孩子将会在10～15分钟内获得能量提升，但随后，由于血糖水平过高，胰岛素会发挥作用，将血糖降至安全水平。大约30分钟后，孩子的血糖急剧下降，比他吃甜食之前的水平还要低。这可能会导致低血糖，进而导致好斗、焦虑和多动行为，比如四处奔跑和攀爬。

如果孩子吃了一些合适的食物，他就可以开心地玩上一段时间，提高他大脑中稳定情绪的化学物质——血清素的水平。如果你很想为他提供零食，一片加蜂蜜或香蕉的吐司比巧克力要好。这不会导致血糖大幅下降，而且可以提高血清素水平。

食品添加剂会对大脑产生影响

孩子特别容易受到食品添加剂的影响，因为他的身体和大脑都还不成熟。一些添加剂会降低大脑中的多巴胺和去甲肾上腺素水平，导致孩子产生一些多动行为。所以，你能理解为什么孩子吃完冰激凌或喝了碳酸饮料之后会变得过度活跃了吧。请注意以下食品添加剂的危害：

- 日落黄（E110），在一些饼干中使用。当喂给动物时，它具有致癌性。
- 偶氮玉红（E122），在一些果酱中使用。当喂给动物时，它也具有致癌性。
- 赤藓红（E127），在一些糖果中使用。它也是一种多巴胺和去甲肾上腺素抑制剂，可导致注意力丧失和注意缺陷多动障碍（ADHD，见第195～196页）等行为。
- 辣椒红（E150），在一些软饮料和薯片中使用。

●苯甲酸酯（E210-219），在一些软饮料、果酱和沙拉奶油中使用，可导致哮喘和过度活跃。

●硫化物（E220-227），在一些甜点、饼干和果汁中使用。

●硝酸盐（E249-252），在一些腌制肉类和奶酪中使用。它会引起头痛，并在人类研究中证实与癌症有关。

●甜味剂，在一些软饮料和甜食中使用。它可以降低色氨酸的水平，色氨酸对大脑产生稳定情绪的化学物质血清素至关重要。色氨酸水平较低与过度活跃和攻击性行为有关。

原因二：发育不成熟的情绪大脑

孩子有时会因为不良行为而受到批评，但他们根本不能控制自己，因为他们的情绪大脑还没有发育成熟，无法表现得更好。幼儿的高位脑还不成熟，所以他们无法抑制原始的冲动爆发，一直在四处奔跑、爬来爬去。

由于缺乏对未成熟大脑的了解，父母会做出很多不公平的惩

思考

饼干、糖果和软饮料中的食品添加剂，会对孩子的大脑产生情绪改变的影响，成为不良行为的常见诱因。这就是为什么孩子们的聚会总是以至少有一个孩子过度哭泣而结束。所以，请好好挑选孩子的食物，找些相对健康的食物给他吧！

罚。例如打耳光，意图造成孩子身体或情感上的痛苦，以纠正或控制孩子的行为。一项长达20年的研究表明，打耳光对儿童有害，会导致行为问题增加。打耳光会让儿童大脑中释放高水平的皮质醇，并减少多巴胺系统中的血流量，从而导致奖励神经化学物质的减少。研究表明，被打耳光的儿童在青少年时期很容易出现酗酒问题，因为酒精会释放多巴胺。

神经科学家马丁·泰歇尔教授发现，孩子被父母打耳光后和被殴打后的大脑损伤是一样的。这可能包括大脑结构、功能和连接的改变，全脑白质和灰质体积的显著减少，前额叶皮层的改变，海马体（记忆系统）和胼胝体（情商的关键）脑细胞体积的减少，以及压力反应系统的改变。然而，在英格兰和北爱尔兰，体罚仍然是合法的。大约60%被打过的成年人说他们打过自己的孩子，39%的人认为打孩子会改善孩子的行为。他们不读研究报告，实在是遗憾。

有些人认为孩子是故意淘气而打骂。他们从孩子所做的事中了解孩子的意图。一代又一代的父母都赞同这样的观点，认为对哭泣的婴儿屈服会宠坏他们，或者孩子可以控制父母。然而，我们现在知道，婴幼儿的大脑发育不足，无法对成年人有明确的操纵想法。

原因三：心理饥渴

三种心理饥渴（刺激、认同和组织）最初是由一位名叫埃里

思考

额叶中有一个叫谷氨酸系统的神经化学系统，它使我们能够明确地定义出一些想法和意图——包括那些具有破坏性的想法和意图。婴幼儿的大脑中，谷氨酸系统还不完善，它在孩子1岁时才开始发育，这意味着他们没有故意挑衅或操纵他人的能力。一些父母错误地将孩子不成熟的大脑化学反应导致的行为解释为粗鲁或蔑视，并用惩罚来回应，这对孩子来说有些不公平。

克·伯恩（Eric Berne）的心理学家定义的。他发现，随着时间的推移，如果这些饥渴状态仍然得不到满足，人们的情绪可能会变差，从长远来看，甚至会使人们受到精神和身体疾病的影响。

对刺激的需求

大脑认为刺激不足是一种压力。为了改变这种痛苦的状态，人们会做一些事来提高自己的唤醒状态，并改变大脑的化学状态。例如，成年人可能会打开音响或点上一根烟；婴儿可能会拍打自己的头；幼儿可能会尖叫着四处奔跑。因为孩子的经验比成年人少，他们选择的刺激通常是攻击性的、吵闹的或破坏性的——比如，和兄弟姐妹打闹或把果汁倒在桌子上。刺激饥渴也包括冲突饥渴。同样，如果一个孩子没有经历足够多的冲突，他会自己制造冲突，可能是与他的兄弟打架或是乱发脾气（见第214～215页）。

对被认可的需求

人类有一种天生的注意力需求，促使自己对他人施加影响，以使他人做出反应。我们都在寻求关注，但儿童尤其需要大量的关注来促进大脑的健康发展，而且他们通常比许多成年人更喜欢公开表达自己对关注的需求。我们都有一种基本的心理需求，认为我们可以对世界产生影响，因为“如果我能产生影响，我的存在就有意义”。这种渴望被认可的行为来自内心的“请不要忽视我”的呐喊。当然，慈爱的关注要比愤怒的关注更好，但如果孩子只能得到愤怒的关注，那么他还是会为此引起你的注意。

对组织的需求

我们都有对组织的心理需求。缺乏组织会让成年人感到沮丧、焦虑、愤怒、失去注意力。如果没有规则和法律的约束，人类社会的文明就会崩溃。对孩子来说也是一样，他们需要家庭规则的约束界限和清晰的程序。想象一下，孩子在排队或跟你逛商场时的无组织时间里，你的孩子好像突然之间变得很讨人厌。但是，当你和他一起做一些有组织的活动时，他就会表现得很棒！

原因四：有一种需要帮助的强烈感觉

有时，孩子表现不好是因为他正在从一种非常痛苦的状态中释放紧张情绪，这被称为“情绪失调”。他可能对某人感到愤怒或沮丧；他可能在学校被欺负，或者嫉妒别人对其兄弟姐妹的关注；他可能正在为某些事而难受，例如失去亲人、朋友或宠物。一种巨大的痛苦会激活孩子大脑和身体中的压力化学物质，大喊大叫的情绪爆发通常是孩子缓解紧张的方式。孩子不会用语言来表达他的情绪，所以他会用尖叫或喊叫来发泄他的情绪。一些父母会立即惩罚孩子，而没有认识到孩子需要帮助。我们需要帮助孩子克服困难，而不是批评他。所以，平和地问：“你能帮我理解你为什么这么做吗？”有时他会告诉你，有时不会。如果是后者，你可以说：“你可以画出你的感受。”这并不是对行为表示原谅，因为你可能仍然需要划定界限并给出结果。但它将帮助你理解是什么助长了这种行为，并通过你的示范为孩子提供一种表达情感的语言。因此，与其让孩子用行为来表达感受，不如帮助他思考自己的感受。

原因五：源于你自己的压力

孩子的行为往往是显示父母压力、抑郁、愤怒或悲伤的晴雨表。孩子持续的尖叫和怒火可能是发泄父母情绪的一种方式。育儿是压力最大的工作之一，你的压力越大，孩子的表现可能就越不好。为什么？孩子大脑的右侧前额叶可以在几毫秒内感受到情绪氛围的变化。正如犬类很容易受到主人情绪的影响一样，孩子也会在身体和情感层面受到家庭压力的深刻影响。如果你很放松，你的孩子很有可能会平静下来；如果家里气氛紧张，你的孩子可能会变得惹人讨厌。

原因六：激活了大脑中的错误部分

你与孩子相处的方式可能会激活他大脑中的错误部分。例如，如果你一直在喊叫，不停地发出命令——“做这个，别做那个”——你可能在无意中激活了他的低位脑深处原始的愤怒和恐惧系统。相比之下，大量的游戏、欢笑和拥抱可能会激活大脑的游戏和关怀系统，这些系统会触发阿片类物质的释放。这样，你的孩子就会保持平和而满足。

“你真讨人嫌”

孩子表现不好的主要原因之一是父母与孩子相处的方式激活了孩子大脑中的错误部分。如果你的育儿方式激活了孩子低位脑的愤怒、恐惧或惊慌/悲伤系统（见第33页），你和孩子的相处不会很愉快；如果你激活了他低位脑的关怀（依恋）、探索或游戏系统（见第32页），你们就会有一段愉快的时光。

乱发脾气

孩子有强烈的情绪风暴和乱发脾气行为通常是因为他的高位脑还不够成熟，无法以更容易被社会接受的方式来处理他的激烈情绪。正如我们将看到的，孩子的许多坏脾气来自真正的情感痛苦（无力、挫败、失落、失望、被误解），我们应该认真对待。只有一些孩子发脾气的主要动机是想控制父母。

孩子发脾气时情绪非常激动，这不仅会让孩子自己感到害怕，也会让父母束手无策、不知所措，或勃然大怒。当父母在自己的童年从未良好地处理过自己的激烈情绪时，就更容易这样。对于父母来说，在孩子发脾气时控制住自己的情绪可能真的很难。最重要的是，这和输赢无关，相反，父母要保持冷静和心理化（见第158～161页），反思孩子的心理状态，并用他们能理解的语言向他们表达。例如，“我知道你真的很想要饼干。你太生气了，我拒绝你是因为这是在午饭前。”即使孩子不能完全理解所有的词，他也会被父母的语气“满足”。研究表明，能够以这种方式进行心理疏导的父母和孩子更有安全感。

思考

- 与父母在食物和就餐方面产生的冲突约占幼儿发脾气因素的17%（见第236～237页）。
- 被固定在汽车座椅或儿童餐椅中会激活孩子低位脑的愤怒系统，这个因素约占幼儿发脾气原因的11%。
- 穿衣服会限制孩子的行动，就像把他放到婴儿推车里一样，这个因素约占幼儿发脾气原因的11%。

为什么发脾气很重要？

发脾气是大脑塑造的关键时刻。这是因为当孩子被愤怒和痛苦淹没时，通过情绪调节孩子的感受，使他能够建立必要的大脑通路来管理压力，并在以后的生活中变得自信。

不敢乱发脾气的乖孩子可能很早就知道，如果他表达激烈的情感，他的父母会给予可怕或不同意的回应；如果他想要获得父母的爱和认可，那代价就是完全服从，他就这样错过了非常重要的大脑塑造环节。当他在以后的生活中感到愤怒或沮丧时，他会将自己的情绪隐藏起来，这对身体健康有害——研究表明，这会增加70%的癌症风险和30%的全因死亡率。作者兼演讲者加博尔·马特（Gabor Maté）将这一点美其名曰“出卖真实性以保持依恋”。这意味着“我成为父母可以接受的人，但我真的不知道自己是谁了，因为我与我的直觉和具体的自我脱节”。

孩子发脾气并不都是权力之争

许多脾气都来自真正的情感痛苦，认为孩子的这些怒火总是与控制有关的想法是错误的。有些怒火可能包含着真切的痛苦，例如，无法被最爱的父母理解，对孩子来说是非常重要和痛苦的事——感觉被冷落了，但又无话可说。当出现潜在的冲突时，问问自己这是否值得你和孩子争吵。想象一下，你2岁的时候，你周围的家人们控制着你做的每一件事，你难道不会生气吗？想一想孩子的哪些行为你必须出面阻止（如危险的行为），以及哪些行为你可以管得松一点。

有两种不同类型的脾气

我把第一种称为“苦恼型脾气”（见下页），第二种称为“小皇帝脾气”（见第222页）。通过了解孩子的大脑在发不同脾气时发生了什么，你就会知道如何应对。你需要远离一个发小皇帝脾气的孩子，走近一个发苦恼脾气的孩子，并向他提供安慰。

苦恼型脾气

发苦恼型脾气说明孩子低位脑的三个警报系统被强烈激活。这三个警报系统是愤怒、恐惧和惊慌/悲伤系统（见第33页）。结果就是，孩子的唤醒系统（见第46～47页）会失去平衡，他的身体和大脑中会充满过高水平的压力化学物质。

产生苦恼型脾气的原因是孩子的高位脑和低位脑之间的基本通路尚未发育成熟，这些大脑通路在孩子管理自己的重要情感方面发挥着作用。作为父母，你的作用是安抚孩子大脑和身体里的激素风暴。如果你因为孩子发脾气而生他的气，他可能会停止哭泣，但这可能意味着他大脑中的恐惧系统被触发，凌驾于他的惊慌/悲伤系统之上，此时他体内的压力化学物质皮质醇水平仍然很高。正如我们在本书中看到的，这种痛苦会让孩子的大脑充满有害的压力激素。

孩子在痛苦时既说不出话也听不进话

在苦恼型脾气中，孩子的大脑和身体会发生显著变化，影响到孩子的思维功能以及控制语言理解和表达的高位脑语言中枢。理解这一点很重要，因为在孩子发脾气时试图和他交谈，或是让他说出自己的感受，都是白费工夫，他所能做的就是发泄他的情绪。

敏感地处理孩子的苦恼型脾气

重要的是，你要认真对待这些苦恼型脾气，并以同情和理解来应对孩子的失落、沮丧或极度失望之情。当你这样做时，你将帮助孩子在他的高位脑中发展重要的压力调节系统（见第22～25

页）。这意味着他长大后将能够反思并保持强烈的情绪，而不是回避（导致心理健康症状），或感到被它们淹没，从而进入原始的战斗或逃跑状态。

举个例子，当一个孩子尖叫着不上婴儿车时，一位能够使用同理心交流的家长可能会说："爸爸知道你不想坐婴儿车。你对爸爸把你放在婴儿车里很生气。"这是用与孩子的语气相匹配的语气说的，当然，你自己也不会感到愤怒。你不得不把孩子放在婴儿车里（因为你需要去某个地方），但你同时承认了他的痛苦和愤怒。

调节孩子的痛苦是一项关键任务

对于所有的父母、老师和其他照顾者来说，调节孩子的痛苦是一项关键任务。接受父母的帮助来管理强烈的愤怒、沮丧或痛苦情绪，让孩子发展自己的大脑通路，使他在压力下能够自己平静下来。如果我们不能对苦恼型脾气做出特别的回应，而是采取固定的方法来对待所有的脾气，我们就会错失积极塑造孩子大脑的重要机会。对于孩子来说，知道成年人可以平息并理解正在撕裂他身体和大脑的强烈情绪，是令他非常欣慰的。如果孩子处于

案例——在早餐时发脾气

阿米尔正在发脾气，因为他最喜欢的早餐麦片没有了。他不是不听话，他只是很失望。他需要处理由挫败感引起的身体唤醒状态，并且需要富有同理心的回应。

阿米尔的父亲把他抱在怀里，用充满理解的语言开启阿米尔的压力调节系统。这种方法比试图与年幼的孩子讲道理更有效。

可怕的情感痛苦中，他的父母只会生气，或者只会远离他，孩子会觉得特别不安全。

如何对待孩子的苦恼型脾气

当你的孩子发脾气时，你的职责是给他安全感和舒适感。以下技巧可以帮助你的孩子平静下来：

• 采取冷静的行动，或是提供一个简单的选择。例如，如果你的孩子不喜欢穿衣服，问问他想穿蓝色裤子还是棕色裤子。

• 分散注意力是一种很好但容易被低估的技巧，不过只适用于孩子发小脾气的时候，不适用于他发大脾气的时候，因为这可能会引发一种严重的误导：“你非常痛苦，我建议你玩红色卡

试试——抱紧孩子

如果你的孩子正在发脾气，他需要你的帮助才能安静下来。如果你把他抱在怀里，你成熟的自主神经系统将帮助他平息尚未成熟的自主神经系统。

跟孩子说简单的话，但要注意声音的强度。“爸爸知道你对某事很生气。”这叫作适应情绪。如果你只是在孩子生气时用一个舒缓的声音，他会感到孤独。如果你对他的愤怒感到愤怒，他会为自己的愤怒感到羞愧，或学会压抑自己的感受（在以后的生活中，这会引发心理和身体健康问题），或加剧他的愤怒。

车。”分散注意力可以激活孩子低位脑中的探索系统（见第32页），让他对其他事感到好奇和关心。这样可以自然地克服大脑的愤怒或惊慌/悲伤系统，触发高水平的多巴胺，可以减轻压力、激发兴趣和动力。

思考

孩子们在白天发脾气后经常会做噩梦，噩梦中的怪物很可能象征着强烈的情感。

●温柔地抱着你的孩子。有时候，抱住伤心的孩子真的很有帮助，但你必须先冷静下来，控制住自己。你平静的身体将使孩子过度兴奋的身体和大脑系统恢复平衡，并释放自然、镇静的催产素和阿片类物质。随之说一些简单的话，比如“我明白”“我知道”（但仅靠语言并不能强烈释放出这些奇妙的化学物质）。如果他的愤怒、惊慌/悲伤系统已经被触发，导致他开始在房间里乱扔东西、打人或咬人，你需要使用正确的控制技巧（见第269～270页）。

●有时，只要你平静地坐在孩子身边，轻轻地交谈，他就会感到安全和镇静。一些孩子觉得这比被抱着更舒服，因为这让他们可以自由移动。

●不要使用分离惩罚。如果你最好的朋友正在打滚哭泣，你肯定不会离开他或是使用分离惩罚，所以这个惩罚方式更不适合发脾气的孩子，他的情感经历比成年人要少得多。对伤心的孩子进行分离惩罚，会错失在其大脑中建立有效压力调节系统的重要机会。

●避免把发脾气的孩子单独留在房间里。虽然孩子可能会停止大声哭泣，但他可能会在内心继续哭泣——研究表明，这是更令人担忧的事。大声哭泣是求助，而默默的内心哭泣是孩子失去信心的迹象，表明他等不到他需要的帮助。对一些人来说，这种悲剧性的信心丧失可能会持续一生。

●提醒自己，孩子的痛苦是真实的。一个2岁的孩子因为他的兄弟抢走了一辆玩具车而尖叫，他并不是在大惊小怪。研究表明，失落感会激活大脑中的疼痛中枢，导致阿片类物质分泌中断。这些年幼的孩子只在这个世界上生活了几年，他们对生活没有清晰的认知。作为成年人，我们有很多经验可以告诉自己，丢失一辆玩具车只是一件小事，但对于一个年幼的孩子来说，这种损失可能意味着失去一切。如果一个孩子因为悲伤而发脾气（悲伤通常包括愤怒），却反复受到惩罚，他所学到的就是“妈妈无法管理或理解我的悲伤”。因此，他很可能会远离受伤的感觉，因为这让他感觉不再安全。这会对孩子在成年之后如何管理自己的情绪产生深远的影响。

试试——给个选择或分散注意力

让年幼的孩子穿衣服经常会产生冲突。给孩子一个选择，或者分散他的注意力，可以减轻你们双方的压力。

如果你催促孩子，很有可能发生以下情况：

你：“穿好你的衣服。”

孩子：“不。”

你：“来吧，现在我们要出门了。”

孩子：“不要！不！不！不！”

当可怕的激素和压力化学物质大量涌出时，孩子和母亲低位脑中的愤怒系统都会被激活。在发脾气之前，试着让孩子思考一下，激活他的额叶。你可以给他一个选择，与其说：“你该穿衣服了。”不如试着问：“你今天想穿裙子还是裤子？”

你也可以试着分散孩子的注意力，例如用可爱而俏皮的语气挑一个玩具或唱一首歌。这会激活孩子的高位脑，让整个过程变得更加愉快。

当我用游戏分散孩子的注意力时，感觉自己已经输了。我是不是在“宠坏”孩子，并鼓励孩子继续发脾气？

开始拍手游戏或者唱一首歌是分散一个正在发脾气的孩子的注意力的好办法。研究表明，分散注意力在这个阶段效果很好，一旦孩子陷入全面的痛苦状态，分散注意力往往就没用了。

用分散注意力来避免发脾气并不是在“宠坏”你的孩子。年幼的孩子没有成年人的人生经验，不可能故意引发自己全面的惊慌/悲伤反应。孩子发脾气不是不听话，而是发育不成熟的结果。作为父母，你需要用同理心和理解力来帮助你的孩子管理他的感受。

小皇帝脾气

小皇帝脾气与苦恼型脾气有很大的不同，它包含着控制和操纵的欲望。一个发小皇帝脾气的孩子不会表现出苦恼型脾气的特征：痛苦、绝望和恐慌，也没有压力化学物质会刺激他的大脑和身体。

发小皇帝脾气的孩子会试图通过强迫他的父母屈服来得到他想要的东西——注意力、某个玩具或食物。一个经常发小皇帝脾气的孩子知道，喊叫很有用："只要我哭泣和尖叫，我最后肯定能得到那块巧克力。"

这些有小皇帝脾气的孩子需要知道，他们不可能总能得到自己想要的东西，而且通过欺凌或控制他人来获得自己想要的生活是不对的。

屈服的问题

如果你屈服于孩子的要求，经常惯着有小皇帝脾气的孩子，你就有可能在孩子的大脑中塑造一个一触即发的愤怒系统。这些没有包含理性思考的愤怒经历会导致愤怒成为孩子人格的一部分。

有些孩子的小皇帝脾气没有得到很好的应对，他们不仅在2岁的时候赢了，6岁、8岁、10岁还是会赢。他们长大后会成为追求权力、欺凌其他成年人的人，认为自己可以在工作和家庭中执掌大权。这些人其实发育并不完善——成年人的身体内还是2岁的小皇帝——可能会给予其一起生活或工作的人带来痛苦。

思考

孩子发苦恼型脾气与发小皇帝脾气时的大脑活动有很大区别。在发苦恼型脾气时，孩子无法理性地思考或说话，因为他的高位脑功能已经被他的低位脑中的原始情绪系统劫持。相比之下，一个发小皇帝脾气的孩子是用他的高位脑来产生深思熟虑的刻意行为。

处理小皇帝脾气的技巧

对小皇帝脾气的回应与对苦恼型脾气的回应截然不同，以下技巧将帮助你（而不是你2岁的孩子）掌控全局：

• 孩子发脾气时，不要让他的周围有观众。让孩子发小皇帝脾气的行为成为他的个人表演。如果你确定孩子不是在发苦恼型脾气（见第216～221页），那就直接走出房间。只要你忽视孩子的小皇帝脾气，他就会停下来。对他来说，如果没人在看，那就没什么意思了。

• 不要试图讲理、争论或说服你的孩子。关注和言语会奖励他的消极行为。

• 不要谈判。如果你这样做，你就是在奖励他充满控制欲且

"给我这个，马上！"

发小皇帝脾气的孩子通常不会哭泣，能够清楚表达自己的要求，并在你说"不"的时候与你争辩。孩子这样发脾气是因为他知道这会让他得到他想要的东西。你对发这种脾气的孩子给予的关注越多，给他想要的东西越多，他就越会继续采取这种行为。这会让你的孩子在今后的生活中成为一个欺凌弱小的人（见第256页）。

案例——失控

如果查理没有如愿以偿，她就会尖叫、乱踢、哭泣、在地上打滚。她经常发号施令，会说一些"别出去，和我待在一起"之类的话。她故意弄坏了自己的洋娃娃，因为她想要一个新的。查理的母亲试图说服并恳求她——这是对小皇帝行为的最坏回应。查理变得更糟了。当查理开始从墙上扯下灯具，让她的母亲按她的要求做之后，她被带去看了心理医生。她的母亲承认，虽然她爱查理，但不再喜欢她了。

查理在学校表现很好。当她被问到为什么她在学校和家里的表现完全不一样时，她说："学校里不允许我调皮。"当查理的母亲去上育儿课时，她学会了如何确定明确的界限。9岁那年，查理输掉了这场长达2年的战斗——但迟到总比不到好！

愤怒的行为。如果孩子发现这种愤怒能有效操纵父母，他可能会在成年后继续这样做。想一想这种噩梦：你总是用关注度来回应孩子想要控制你的愿望，而现在，16岁的他仍然在打你、踢门，但因为他比你高大，你已经没办法把他关在他的房间里。

- 给予明确、坚定的否定和界限。愤怒且同情地说："我需要你停止打你妹妹，但我可以看出你对我说停止很生气。""恐怕在你捡起扔的玩具之前，你不能去公园。"你的孩子尖叫着摔门，你可以说："我知道，我这么说你真的很生气。"

- 指出孩子使用命令的情况。给出明确而坚定的信息，表明他想以命令获得某样东西的要求是不可接受的。例如，如果你的孩子吵闹着想要一块饼干："现在给我一块饼干"或"为我做这件事"，你可以说"我不响应命令"，也可以试着说"我希望你冷静下来再跟我谈谈你想要什么"。然后继续做你正在做的事，直到你的孩子平静下来好好说话。当你的孩子用控制和支配作为要求方式时，绝对不要去注意他。在他还在向你发号施令的时候，与他进行任何对话都会奖励他的愤怒和追求权力的行为，并会进一步促使他将火暴脾气融入人格特质。

- 向孩子提供一些关于社交魅力的知识。这对于年龄较大的孩子效果更好，因为他们的高位脑更发达。你可以说："如果你命令别人去做一件事，他们不会想要帮助你的。所以，如果你想要什么，你能用一种让我有好感的方式提出要求吗？如果你需要帮助，你可以问问我。”或者试着轻描淡写地回答：“嘿，这对我一点用都没有。”

• 在适当的时候使用幽默和游戏进行回应。然而，千万不要以羞辱的方式这样做。幽默和游戏可以打破小皇帝的权力泡沫，让他看看他自己的样子。试着这样说：“你就是想对我发号施令，对吗？那我们一起来看看这罐豌豆。‘豌豆——马上给我拿来饼干！算了，我还是命令牙刷吧……过来，牙刷！’”孩子会看着你，觉得你好像疯了一样。这个策略是为了抢他的风头，阻止他的行动，把你们都带入幽默和游戏的领域（无论他是否喜欢），让他反思自己的行为，同时表明你不会认真对待他的无理行为。

• 区分小皇帝脾气和苦恼型脾气。这有时很困难，因为它们可能会同时发生。显然，你永远不应该奖励像“现在就去商店给我买面包”这样的命令，但如果当你说“不”时，你的孩子进入悲伤反应（而且你能感觉到他的痛苦是真实的，不是在演戏），那时他需要你帮助他缓解情绪。你需要给你的孩子传达的信息是：“我不会听从你的命令，但如果你感到痛苦，我会帮助你。”所有哺乳动物（包括人类婴儿）天生就会在没有收到预期奖励时做出愤怒的反应，其额叶的发育程度还不足以克制这些情绪。

• 快乐型育儿方式比惩罚型育儿方式有效得多。惩罚型育儿方式会触发压力激素，使孩子处于愤怒、恐惧或羞愧的防御状态。快乐型育儿方式会激活抗焦虑和抗攻击激素，使孩子没兴趣与父母或同龄人打架。在充满批评和喊叫的家庭文化中，从来没有任何快乐或笑声，因为愤怒和恐惧系统会阻碍关怀和游戏系统。研究表明，将家庭文化从压力状态转变为健康状态永远不会太迟，这种转变往往比分离惩罚等方式更容易激发良好行为。

情绪和身体状态与发脾气有关

正如我们已经知道的，某些身体和情绪状态会造成不良行为。同样，有些状态也会导致孩子发脾气。饥饿、疲劳和紧张是最常见的原因。你可以检查一下，看看是否因为无聊、沮丧和失望，把你家变成一个可能带来持续尖叫、痛苦的环境。

● 无聊：如果孩子们正处于刺激饥渴（见第211页）状态，那么尖叫和喊叫一定会发生。问问你自己，家里有没有足够的亲子游戏。没有亲子活动的家庭中经常充斥着尖叫。孩子感到无聊的一个典型例子就是在超市里发脾气。如果你给孩子安排一些有趣的任务和活动，他通常会停止发脾气。

● 挫败感：孩子们不擅长用语言来表达挫败感，你可能需要帮助他表达自己的感受，“有时候你不太想分享，对吗？你刚开始玩那个玩具，你的弟弟就过来把它拿走了。”

● 失望：失落和失望激活了大脑中的疼痛中枢。作为成年人，我们可以说“没关系”，并用其他事来分散自己的注意力，但当孩子失望时，他会被这种感觉压倒，可能会号啕大哭。孩子需要你的帮助来管理自己的痛苦情绪，你需要承认这种失望可能会给他带来很大的伤害。忽视一个失望的孩子或对他生气，只会增加他的痛苦。

要点

• 不良行为有六大常见诱因：疲劳和饥饿，大脑未成熟，心理需求未满足，强烈情绪，父母的压力，激活孩子低位脑警报系统的育儿方式。

• 发苦恼型脾气的孩子真的非常痛苦，他需要你的冷静帮助和同情。忽视或惩罚这种痛苦可能会伤害孩子。

• 虽然苦恼型脾气相当难应付，但它们也提供了帮助孩子发展大脑通路的机会，使他们能够在未来管理压力。

• 面对孩子发小皇帝脾气时应该给他明确界限。那些因愤怒而获得奖励的孩子，随着年龄的增长，往往会继续以可怕的“权力支配”方式控制他人。愤怒可能会成为一种根深蒂固的人格特征。

第十章

艰难时刻

本章主要关注5岁以下儿童，深入探讨在父母特别困难的时期，幼儿大脑中发生的事。大多数父母都很熟悉这里介绍的常见情况——孩子在床上乱蹦乱跳、在餐馆里闹事、在玩具店大喊“我想要”、与兄弟姐妹打架。父母可能不知道的是，发生这种行为，是因为孩子的大脑系统还不够成熟，无法应对各种不同的情况。

孩子为何失控?

成年人不会特别想在床上跳上跳下或在商店里跑，这是因为我们大脑的额叶已经足够成熟，可以自然地抑制我们的运动冲动——跑步、跳跃和攀爬的冲动。幼儿还没有发展出这样的控制机制，所以简单地要求他们遵守成年人的行为不太可能起作用。

当他们只是说“不”时

虽然我们需要给孩子设定明确的界限、规则和后果，但我们也不想伤害到他们的意志。孩子坚强的意志是宝贵的生命资源。他们会在两三岁的时候学会说“不”，这是他们开始坚持自己立场的先兆、了解自己在生活中想要什么的开端，以及坚持到底的动力。在蹒跚学步阶段完全顺从的孩子在以后的生活中往往会因为没有发展出独立的自我而痛苦。他们可能非常善于适应他人的需求和感受，但对自己的需求和感受却知之甚少，甚至一无所知。这可能发生在过于严格的育儿方式中，孩子会非常害怕而不敢反抗，或是发生在使用服从训练（这种训练会对自发行为产生僵持反应）的育儿方式中。在后一种情况中，父母一方面很喜欢平静且依赖自己的婴儿，但又不允许这个蹒跚学步的孩子有任何自主权或反抗。父母的爱和认可是孩子的基本需求，如果其代价是完全服从，孩子可能只能顺从你的想法。

如果你有一个无论怎样都坚持自己意愿的孩子，这说明你虽然设定了明确的界限，但你对他并没有进行服从训练。作为父母，我们需要非常仔细地思考如何应对说“不”的孩子。本章提供了一些加以改善的信息和方法。

思考

孩子大脑中的多巴胺和去甲肾上腺素系统成熟较慢，这些系统对于关注度和持续集中注意力至关重要。所以孩子经常：

- 容易分心。
- 冲动。
- 无法集中注意力。
- 无法收回被分散的注意力。
- 有狂躁的行为倾向。

思考

从某种意义上说，所有幼儿都患有注意缺陷多动障碍（ADHD，见第195～196页），他们行为冲动，在任何时候都无法集中精力做一件事。他们会跑来跑去、爬上爬下、左顾右盼、坐立不安。这是一个自然的发育阶段，是大脑发育不成熟的结果。对男孩来说，坐着不动比女孩难得多，因为男孩的高位脑（额叶）的成熟比女孩慢。

孩子在一天中需要花很多时间四处奔跑。如果他们没有得到这样的时间，那他们往往会在不合宜的时候表现得非常活跃。

跳来跳去的艰难时刻

孩子在床上跳来跳去、在家里跑来跑去并不是淘气。除非这些不到5岁的孩子经过服从训练，否则他们很难遏制自己的行为，这是因为他们的高位脑（额叶）还没有形成连接低位脑的关键通道，这些通道会自然抑制跳跃的冲动。此外，婴儿高位脑中的去甲肾上腺素和多巴胺系统也非常不成熟，这也会导致他们“坐不住”。我们需要找到一个渠道来释放他们的能量。

如果你很担心家里的床或沙发，那就给你的孩子一些其他的东西。例如，在花园里放一个蹦床，或者带他去当地的游乐场。没有必要对他发脾气，你只需轻声说：“我们不能在床上跳，但我们可以到外面去跳。”如果孩子仍然不肯下床，轻轻地把他抱起来，带他到外面去。

在公共场所的艰难时刻

由于孩子的行为冲动不可控制，父母需要仔细考虑可以把孩子去哪些公共场所。总的来说，幼儿和幽静的餐厅是非常糟糕的组合。孩子的大脑不能像成年人的大脑那样工作，当聚餐被毁时，父母也会非常生气和失望。如果他们去一些能很好地满足孩子的运动冲动的地方，孩子可能会玩得很开心。

“我无法保持安静！”

如果孩子了解了大脑的机制，并拥有复杂的语言能力，他们会解释说，他们只是还没有建立抑制运动冲动的大脑通路。他们只是需要一些空间来发泄情绪，比如去一个室内游戏乐园。新环境和新玩具的新鲜感将激活他们高位脑（额叶）中可以平复情绪的多巴胺。

找个地方跑来跑去

如果你带孩子到了画廊、餐馆或酒店，进入室内之前，寻找一个比较大的户外空间，让你的孩子可以四处奔跑。周围的人越少越好，你的孩子就可以随心所欲地吵闹。在心满意足地跑了一阵子之后，他会更容易在室内保持安静。

餐厅里的界限

想想这样的场景：2岁的扎哈拉被带出去吃饭，她开始有点无聊，于是她用勺子敲打桌子发出很大的声音，惹得别人都看着她。她把黑加仑饮料吐到桌子上，然后用手指在小水滩里划来划去。她还把糖倒得到处都是，把几粒糖丢到妈妈的咖啡里。扎哈拉的大脑里发生了什么？

扎哈拉不是在调皮，是她大脑中不成熟的系统让她做出了这样的行为。她被告知要安静待着，但就像任何年幼的孩子一样，她对成年人的谈话感到厌烦。扎哈拉感到无聊意味着她处于低唤醒状态，这可能会激活她大脑中的压力化学物质，让她表现糟糕。她在餐桌上的行为表明她试图满足自己的刺激饥渴（见第211页），排解无聊的生理压力。除此之外，还有扎哈拉的运动冲动，她的大脑不太完善，无法抑制她的运动冲动。

案例——爸爸的小帮手

4岁的耶西收到了帮爸爸在超市寻找采购品的任务，这让他感觉自己变得很有用，就不会想着搞破坏了。这种有组织的活动让他的高位脑和低位脑的探索系统参与其中，极大地提高他的注意力和专注力。当一个孩子的高位脑因为没有得到有组织的活动而没有被激活时，他的运动冲动会让他疯狂地奔跑、叫喊和尖叫。

当然，一个孩子像这样胡闹是非常难受的，父母可能会为此惩罚他（由于对孩子大脑发育的认知不足，一些父母会在这种时候对孩子发脾气），但还有别的方法。如果我们能给扎哈拉一个玩具或一本涂色书，很可能会让她的高位脑与低位脑的探索系统协调起来。这一系统会释放大脑中的多巴胺和阿片类物质，使扎哈拉能够专注于活动，自然地平息她的运动冲动。在咖啡馆和餐馆里，如果我们不能给孩子找点事做，他很可能会通过把糖撒在桌子上或在座位上爬来爬去的方式来为自己找点乐子。

购物寻宝之旅

前往超市的长距离路程对一个孩子来说实在太难以忍受了。为了避免度过一段艰难的时光，你需要让你的孩子参与购物之旅中。如果没有为他准备任务游戏等活动，孩子可能会感到非常无聊，其大脑和身体的刺激饥渴无法被满足。他还会经历低水平的身体唤醒状态，正如我们已经知道的，这会触发他大脑中的痛苦中枢。这意味着，你的孩子将会在过道上跑来跑去、撞到购物车。

在这一切发生之前，开启你大脑中的游戏系统，想出一个游戏，让你和孩子在购物时可以一起参与：“让我们一起×××”的游戏能满足孩子的刺激饥渴，比如“购物王”，大概是这样的：

“让我们来玩个游戏吧。你听说过‘购物王’吗？没有？好吧，是这样的：当我们路过每条过道时，我会悄悄告诉你一件我们手推车里需要的东西，你可以去找。当你找到它并把它带回来时，我会再告诉你一些别的东西。如果你全都找到了，你就是购物王，可以获得奖品，你可以选自己想要的东西！”

在电视节目《超级保姆》（*Supernanny*）中，乔·弗罗斯特（Jo Frost）为逛超市想了一个非常有创意的“让我们”游戏。在每次购物之旅开始，孩子都会得到一块黑板，上面画着他必须找到的食物。无聊的购物之旅立刻变成了寻宝之旅。

思考

我们需要为孩子在参观公共场所或到访不太欢迎小孩的家庭时提供娱乐项目。如果你不能给孩子提供其他选择（比如一个迷人的玩具或一本图画书），他会自己找到娱乐方式，比如玩刀叉、在饮料里吹泡泡、去他不应该去的地方。

试试——开车旅行中的创造性时刻

长时间坐在汽车后座对孩子来说压力很大，这会激活他大脑中的消极化学物质。为了改变这种痛苦的大脑化学状态，孩子会自己寻找乐趣。他可能认为踢妹妹是一个打发时间的好活动。如果他的妹妹哭了或者还击了，那么他就有了更好的娱乐活动来摆脱无聊的状态。

为了抑制他的运动冲动，给他一些可以阅读、制作或绘画的东西。这可以将消极的大脑化学物质转变为积极的大脑化学物质，使他能够将注意力集中在更为平和的活动上。

旅行中的艰难时刻

如果孩子不得不在汽车、火车或其他交通工具中坐上一段时间，他的运动冲动会变得非常强烈，导致他坐立不安、心神不宁。作为成年人，我们成熟的额叶会抑制自己的这种冲动，所以我们可以保持安静，特别是在看书或交谈的时候。

让孩子做一些有趣的事

在旅途中让孩子做些事会激活他的额叶和探索系统，这将自然地平息那些让他四处奔跑的原始冲动。你可以组织一个猜谜游戏，或者给他一些纸和笔。你越能参与孩子的游戏中（例如，发起一个让你们两个都参与的游戏，或是关注他的绘画），你成熟的大脑和身体系统就越能帮助调节他尚未成熟的系统。你的冷静会对他产生直接的镇静效果。你可以通过让他坐在你的大腿上拥抱他来提高他的镇静状态，这将使他的大脑释放镇静的抗压力化学物质——催产素。

通过了解关于脑科学的事实，并充分考虑到孩子不成熟的大脑系统，你可以把一段潜在的艰难旅程变成一段愉快的相处时光。如果你忘了带些东西给孩子玩，或者忘了想一些创造性的活动来吸引孩子的大脑，那么你的旅途注定充满压力。

在路上休息一下

如果你们正在进行长途汽车旅行，找机会停下来，去最近的游乐场或空地待一会儿，这将给你的孩子一个他非常需要的机会，让他的运动冲动发泄一阵子。

吃饭时的艰难时刻

为什么你的孩子更喜欢在餐桌上玩游戏（像海鸥或飞机那样俯冲），而不是舒服地坐着吃他的食物？如果他觉得某件事很有意思，那么他高度唤醒的身体（自主神经系统，见第48～49页）会抑制他的食欲。一个兴奋的孩子看起来很调皮并不是因为他不想好好吃饭，只是人类的身体天生无法在高度兴奋的状态下进食。同样，如果你试图与你的孩子的自主神经系统作斗争，你将会度过一段艰难的时光。

一些父母在吃饭时会变得非常消极，试图让兴奋的孩子吃东西。这会给孩子造成相当大的关系压力，对他们发育中的大脑不利。如果你等到他的高唤醒水平下降，他会平静下来，再次开始感到饥饿。

同样，如果一个孩子感到焦虑或害怕，他也会失去食欲。一些父母在吃饭时会变得非常焦躁，让孩子拿起东西又不想吃了。父母越紧张，孩子就越焦虑，对食物也就越不感兴趣。父母在吃饭时越放松越好。

消除进餐和地点之间的负面联系

对于所有哺乳动物而言，高度的压力或恐惧会阻碍饥饿感，切断自然的消化过程。所以，如果一个孩子对吃饭感到焦虑，他就不太可能想要吃东西。

如果你的孩子发现你一直在担心他吃得不够多，或者担心他弄得一团糟（比如你频繁地擦掉他嘴边的任何脏东西），他可能就不想吃饭了。父母的焦虑和干扰性喂养可能是儿童饮食问题的主要原因。当你担心孩子吃得不够多时，他的右额叶对情绪氛围非常敏感，会在几毫秒内察觉到你焦虑的面部表情、激动的声音或紧张的身体。所以，试着在吃饭时激活孩子低位脑的游戏系统，让他把食物与乐趣（而不是恐惧）联系在一起。给他有图案的盘子，允许他玩食物，让他自由探索新的触感和色彩。

试试——让孩子对食物感兴趣

如果你的孩子对吃饭感到焦虑，试试下面的建议：

- 改变孩子的就餐地点，以消除进餐与这一地点之间的任何负面关联。
- 一起做饭，让孩子对食物产生兴趣。让他玩他的食物，让他用手指探索新的食材，允许他把食物弄得乱七八糟。
- 不要惩罚孩子吃相不好，你可以忽略它。取而代之的是，奖励孩子用餐时吃得好、坐得正。
- 当你的孩子好好吃饭时，立即给他一张贴纸，让孩子在脑海中将美好的感觉和在餐桌上吃得好之间建立起清晰的联系。
- 如果一个孩子吃得不好，那你需要注意下是否之前给了他太多的小零食。

一团糟的艰难时刻

当房间变得出奇地安静，你探头一看，里面已经乱成了一锅粥。孩子把卫生间弄得一团糟，把卫生纸排成了一条河。你该怎么办？你可以让这件事触发你低位脑的愤怒系统（见第18页），你也可以把自己从悬崖边缘拉回来，思考如何积极（而不是消极）回应你的孩子。重要的是，避免扼杀孩子出色的创造力和想象力。富有想象力的合作游戏可以促进幼儿个体发展，有助于开发他们的高位脑（额叶）。

合作、计划、思考下一步行动、倾听彼此的想法，都可以使孩子的高位脑中形成新的神经连接和通路。这些行为必须受到赞扬和鼓励，而不是惩罚。另外，同样重要的是，不要给孩子传递这样的信息，即他可以在家里制造任何他喜欢的破坏，并期待由你收拾它。

把收拾东西变成一场游戏

面对年幼的孩子，试着把收拾东西变成一种“让我们”类型的游戏，你可以说：“让我们看看谁可以把最多的玩具放进盒子里，我打赌我能赢……准备，好，开始！”让你的孩子赢！然后对他说：“哇，你就是玩具清洁王。”如果你的孩子不想收拾东西，你可能需要学习一种叫“选择和后果”的技巧（见第262～263页）。这不仅可以停下你的唠叨，还能激活孩子高位脑的决策部分。握住他的手，平静地看着他的脸，说：“我们家有一个规矩，谁弄乱的，谁就要负责把它收拾干净，你可以选择自己收拾玩具，或者由我来收拾。但我收拾的玩具，我都会拿走收到我自己的盒子里，直到你自己收拾玩具。你可以告诉我你的决定了。”有很多孩子在听完这番话之后就会主动收拾玩具，但如果孩子不理你，你也不用多说什么，按你说的去做就行。把玩具收拾好，把它们拿走。他可以通过帮你整理家里的其他东西把这些玩具赚回来。

艰难时刻和玩具大战

为什么孩子会因为拥有玩具而变得如此激动？其中涉及几个与大脑有关的因素。首先，对物体的情感依恋会使孩子的大脑释放阿片类物质。玩玩具会给孩子带来一种幸福感。但如果玩具被拿走，他的大脑可能会进入阿片类物质中断状态，导致他感到痛苦，使他伤心地哭泣。

此外，对孩子来说，玩具是他的领地。任何动物都会对其领地被入侵做出愤怒的反应，这是我们大脑中古老的爬行动物脑区域触发的本能。当动物保卫它们的领地时，大脑中与攻击性有关的化学物质加压素就会释放出来。疼痛、愤怒和大脑化学物质会共同导致你的孩子迅速陷入原始的打斗行为。由于孩子感到很痛苦，他的大脑和身体就会充斥着大量的激素，当他不得不分享自己的玩具时，他需要帮助和同情，而不是愤怒的回应。然而，孩子的这种痛苦可能是短暂的，特别是如果你擅长分散孩子注意力的话。

谁应该拿到这个玩具？帮助孩子找到解决方案

如果孩子的高位脑（额叶）还没有发育到足以解决问题的程度，你需要为他找到解决方案。请平静地和他沟通，永远不要因为孩子的大脑不成熟而惩罚他。对于额叶发育较好的大一点的孩

“这些玩具都是我的”

索尔霸占了幼儿园里的摇摇乐。他的两个玩伴想加入进来，抓住了把手。所有人都有足够的空间。索尔一点也不想分享这个摇摇乐。他想自己一个人玩，因为他把这个玩具视为自己的领地。他用愤怒的尖叫努力保护着它。

一位老师走过来，解释了什么是分享，提供了至关重要的情绪调节。现在平静下来的索尔可以重新使用他的高位脑，他的愤怒是短暂的。

子，在他试图谈判时，你可以教他如何交换或轮流玩玩具："所以你们两个都想玩这只龙是吗？要不要我轮流拿给你们？"你可以帮助他和另一个孩子交流，比如："我用我的船换你的车。"你也可以制定一些关于分享玩具的家庭规则。如果他再次展现出"爬行动物"的行为，你就把玩具拿走，然后说："好吧，我要把这个拿走，直到我们找到分享它的办法。"如果玩具不在了，孩子往往能从强烈情感转向思考。如果他真的想出了解决方案，请毫不吝啬地赞扬他，因为谈判和妥协是非常复杂的人类技能。

输掉游戏对孩子来说是困难的

如果孩子在输掉游戏后发脾气或哭，这是由于他不成熟的高位脑导致的，你必须问问自己，在他这个年龄，让他经历一次失败是否公平。就孩子发育不全的大脑而言，输掉游戏可能会非常痛苦，所以惩罚他或指责他是一种糟糕的做法。

年幼的孩子无法正确看待事物。孩子大脑中储存的记忆相对有限，没有很多经验告诉他们游戏玩输了是一件微不足道的事。此外，孩子因为失败而发脾气还可能是因为他对自己有胜利的预期。所有哺乳动物（包括人类）都会对预期回报的落差而感到愤怒。联想到胜利时，大脑中积极的唤醒化学物质——多巴胺会被激活；而失败时，多巴胺的水平可能会下降。这种下降会导致成年人情绪，导致幼儿哭泣。因此，如果孩子因为输掉一场游戏而陷入痛苦或愤怒，你可以推荐了以后参与合作游戏，直到他再长大一点，能更好地理解这些事的时候，再去尝试有竞争的游戏。

艰难时刻和想要的东西

想象一下，你的孩子在玩具店里，一开始他不肯离开，然后他试图带着一个玩具跑出商店。玩具店会激活孩子低位脑中的探索系统。这一系统与好奇、探险、意志、动力、期望和欲望有关，可以激活多巴胺和谷氨酸达到最佳水平，使孩子变得兴奋且专注。如果你不给他买他想要的玩具，他就会深深受挫，从而触发他的愤怒和惊慌/悲伤系统。一个孩子的高位脑（额叶）没有发育完善到足以自然调节这些强大的低位脑系统，因此他会愤怒地流泪。

在玩具店管理5岁以下孩子

在玩具店里，父母需要坚定立场，尽量不满足孩子的恳求。给孩子一个明确的“不行”，并以同理心回应他表现出的渴望，例如，“我知道你真的很想要那个娃娃，但我们今天没有钱买它。”然后直接走出商店，不给他进一步评论或讨论的机会。你的孩子很可能会跟着你出去，因为他对你有强烈的依恋。如果你愿意，你也可以把他抱出去，尽快分散他的注意力：“哦，看那

试试——分配一个玩具架子

为你的孩子提供一个架子来存放他不准备分享的玩具。孩子可以在这个架子上摆一些特定数量（数量由你决定）的玩具。没有拥有者的许可，这些玩具不能被分享。这也可以培养孩子拥有和关心特殊物品的技能，如果你的几个孩子共用一间卧室，这一点尤其重要。

边！”不要试图跟孩子讲道理，比如“我们家已经有很多玩具了”，你这是试图在孩子的低位脑处于主导地位时调动他的高位脑。

给5岁以上的孩子一个选择

对于5岁以上的孩子来说，他的高位脑已经成熟到可以做选择：你可以问问你的孩子，他是愿意放弃这个玩具，还是愿意帮你完成一些任务来赚到它。引入零花钱概念是孩子这个阶段成长的重要组成部分。你可以说：“你有一个选择。你可以用生日的钱买这个玩具，或者再攒一攒，买你想要的自行车。”当他的高位脑参与决策，它就会自然地平息低位脑的强度。更重要的是，这样思考对孩子的高位脑建立新的通路也非常有益。

当孩子听不进你说的话时

有时，当你突然叫孩子做某事时，他好像没听到一样。这是因为他大脑中的关键化学系统还不完善，使得他无法像成年人那样轻松地将注意力从一件事转移到另一件事上。如果你的孩子把注意力锁定在一项活动中，他真的很难对你做出回应。

案例——玩具店里的崩溃

6岁的裘德拒绝离开有他喜欢的毛绒动物的玩具店，他对这些玩具充满渴望。他的母亲在玩具店经历着一场风暴！解决这种情况的最好办法是让裘德的高位脑去思考选择。裘德和母亲讨论了零用钱和选择。这打破了“我想要”的僵局，转向“我会考虑的”。

所以，放过你的孩子吧。你可以设定一个明确的规矩，比如："5分钟后，我会让你收拾好玩具，然后去刷牙。"当5分钟结束时，说："我现在从5数到1。"如果你的孩子照你说的做了，好好地表扬他。如果他没有听话，那你就把他抱到卫生间去刷牙。要保持坚定，不要一直催他去刷牙，他会对你的唠叨逐渐失去敏感度。

在你外出时有不同的规则

当你外出的时候，如果你需要让孩子立即停下来，那么孩子不应该在你说"停"的时候跑掉，当你叫他的时候他一定要回来。你可以说："如果我需要你回到我身边，我会叫你的名字，从5数到1。当我数到1的时候，我希望你能回到我身边。"

如果你的孩子没理你，你可以回答说："看起来我还不能让你随便乱跑，因为我叫你的时候你不肯回来。"然后把他放在婴儿车里，或是系好你们手腕上的牵引绳，并向他解释原因。没有必要提高音量或生气，你的行为将明确地告诉你的孩子，你不会容忍他的行为。下次你们出去的时候，再次练习这个方法，直到你的孩子明白为止。每次他应声回来，你都要好好表扬他，说："干得好，你做得真棒。我叫你的时候，你停下来/回来了，你做得很好。"这种回应可能会使孩子的大脑产生令人愉快的多巴胺和阿片类物质，并让他对自己的行为感到满意。

自私的艰难时刻

一位家长被他孩子的行为激怒了："我家那个4岁的孩子太自私了，他不会分享，他永远不会想到我们。我觉得他肯定有点问题，也许他天生就是这么坏。"孩子的自私令人恼怒，但我们不应该因为他们无法体谅他人而惩罚他们。关怀是一种复杂的高位脑功能，而正如我们在前面几章所看到的那样，孩子在出生时高位脑的发育极其不完善。随着时间的推移，孩子感受和深入思考他人的情绪痛苦或压力水平的能力会慢慢发展。只有在向孩子表达你的关心之后，你才能期望你的孩子对你产生共鸣。可悲的是，有些孩子一直未能得到太多的善意和关心，以至于他们从未发展出这种更高级的大脑功能。

告状与骂人

对于一个孩子来说，告状往往是他第一时间的想法。儿童心理学家和作家阿黛尔·费伯建议这样回应："我对萨莉现在在做什么不感兴趣，但我很乐意和你谈谈。"

试试——让艰难时刻变得有趣

可以用幽默和快乐化解艰难时刻。例如，一个感觉无聊的孩子在房子里尖叫，那就试试把噪声变成一种游戏。

"嘿，比利，我有个主意，让我们来一场超大噪声比赛吧！我们去阁楼，或者去地下室。每个人都挑一只咆哮声最大的动物，然后我们比一比谁的咆哮声最大。"这个游戏可以发展为一个有关龙或者狮子的故事。

和你的孩子一起玩耍，而不是责备他，这样你们之间就会有更多的一对一时间。这些高度亲密时刻能帮助孩子的大脑发育，让他不成熟的大脑系统与成年人成熟的大脑系统进行强烈接触，以进行情绪调节。

思考

父母通常认为拒绝分享是自私的表现，却没有意识到让孩子与兄弟姐妹分享玩具，有时会让他产生如同分享父爱、母爱的深层感受。孩子们通常没法用语言来表达这一点，除非你能帮助他们。如果让孩子们轮流玩一个玩具让他们感觉非常痛苦，且不能用分散注意力的方法来缓解这种痛苦情绪，那么你应该和他们谈谈，问问他们是否觉得自己有足够的时间和妈妈或爸爸在一起（见第108～110页）。

教会你的孩子以更健康的方式表达愤怒和怨恨。例如，你可以说：“你知道，我们家不允许骂人。如果你觉得妹妹有什么问题，告诉她是怎么回事。”如果一个孩子因为另一个孩子的行为而受到伤害，要同情他遭受的痛苦：“萨莉不应该那么说你，这肯定让你很伤心。她说得不对，所以别理她。你愿意来告诉我这件事，而不是和她对骂，你真是太聪明了。”

争斗中的孩子

当孩子产生打架和争斗的冲动时，创造性的育儿方式可以让他们学会反省和谈判。父母的错误反应会强化孩子原始大脑中的错误回应。如果对打架的孩子喊叫或是无视他们，这些孩子长大后可能仍然会用言语或拳头攻击他人。

许多父母认为自己的孩子比其他孩子更喜欢打架，但其实，兄弟姐妹之间有争斗是非常正常的。一项研究发现，93%的7岁孩子会与兄弟姐妹打架，其中24%的孩子经常打架。

另外，打架也能提醒我们，人类的大脑中确实有一个原始的爬行动物脑区域（见第17页）。更重要的是，由于幼儿的高位脑发育不充分，爬行动物脑经常处于主导地位。父母对孩子有很大的影响力，如果你用错误的方式对待争斗，这反而会加强孩子大脑中的原始反应。如果你以一种更好的方式对待打架，就可以帮

思考

一开始孩子们还在玩游戏，但很快他们就打了起来——这些小男孩不再认为他们的游戏很有趣。你经常不知道什么时候该进行干预，这时你可以观察孩子们的面部表情。他们的微笑表明这种粗鲁玩闹是善意的，而当他们咬牙切齿和提升力度时通常意味着到了父母该介入的时候。

助孩子的高位脑发育，并抑制孩子在感到竞争或领地威胁等时的身体冲动。

简而言之，你的孩子在身体攻击中是变得更加凶狠、更加狡猾，还是发育并掌握那些复杂的人类技能，即谈判、规划以及在不使用权力和控制的情况下清晰表达自己的需要，这与你的影响密切相关。

思考

随着时间的推移，如果一个孩子在没有父母干预的情况下持续受到兄弟姐妹的欺负，他的大脑会调整一些关键系统，以适应在一个富有攻击性的世界中生存。恐惧和愤怒系统可能会被过度激活，在他未来的生活中带来焦虑或愤怒的问题。

孩子为什么会打架?

孩子打架是因为他的一些心理需求没有得到满足。一个孩子会和另一个孩子打架，可能是因为他很无聊，正试图提升自己的刺激水平（见第211页）；他可能只是饿了，这让他变得好斗（见第206页）；过度刺激可能会导致生理上的过度兴奋，他会通过拳打脚踢来缓解这种感觉；他可能是在生气、沮丧、难过或压抑自己的情绪，而他无法用语言来表达他的感受，所以他只能用拳头；他可能是被兄弟姐妹打了，或者是被父母打了，于是他正在模仿家里的这种打人行为；他可能在学校被人欺负，这种经历很容易让孩子在生活中的其他领域出现原始的“战斗或逃跑”反应。

你应该如何面对孩子打架?

你需要确保激活的是孩子的高位脑，而不是爬行动物脑。在这个策略中有一些重要的应该做和不应该做的事。

不要以暴制暴

当你看到兄弟姐妹打架时，尖叫、斥责或打孩子不可取。虽然这些行为可能会让他们暂时服从，但这是一种在充满挑战和压力的情况下屈服于怒火的回应方式，这可能会导致孩子大脑的

“战斗或逃跑”部分习惯于做出过度活跃的反应。孩子可能会在成长过程中变得脾气暴躁，或是内化他们的愤怒，患上与压力相关的疾病。

父母面对孩子的暴力行为做出愤怒的回应，不能帮助孩子发展更高级的大脑。相反，你应当在此时帮助他们调节过高的身体唤醒水平，让他们平静下来。你回应孩子吵架的语气非常重要，你的语气应该坚定且冷静。

不要偏袒任何一方或奖励告状者

除非你目睹了这次伤害行为的全过程，否则不要轻信任何人的话。有些孩子擅长演戏，表演给父母看，捂着肚子在地板上打滚。如果你偏袒某一方，孩子们很快就会知道，如果他们不断抱怨兄弟姐妹对他们的“欺负”，他们就可以赢得你的关爱。当然，他们也乐于看到自己的竞争对手受到惩罚。

帮助孩子处理“太大”的情绪

不要让你的孩子独自一人有“太大”的情绪。对一个愤怒的孩子使用分离惩罚可能会让你有时间喘息一会儿，也许他会在再次咬他妹妹之前三思而后行，但这并不能帮助他处理怒火，因为

试试——平息一场打架

你应该做什么和说什么来避免孩子发生伤害？

- 把双方分开，说：“现在停下来，回到你们各自的房间。”或者，“到此为止吧。这看起来像是真正的战斗，你们俩现在在一起并不安全。史蒂夫，去厨房吧。朱迪，到客厅去吧。”
- 要注意受伤的一方，而不是侵略者。对侵略者说：“托比，打了萨姆是一件不好的事。我现在要去陪陪萨姆，你在这里想想怎样才能用一种更好的方法让萨姆知道你生气的事。”
- 给孩子们选择如何表达他们的愤怒的权利。请试着说：“嘿，朱迪，你说出来，让史蒂夫知道你有多生气。”
- 帮助孩子表达自己。通常，愤怒是由伤害引起的，让孩子用语言表达伤害是一种真正的勇敢。你可以说：“看来你真的很生气、很受伤，因为他们撞倒了你的城堡。”

分离惩罚并没有帮助他调节情绪。相反，他更有可能利用这段时间来思考他的复仇计划。

研究表明，如果帮助孩子用语言表达情感，可以让他们的高位脑（额叶）发展新的通路，从而平息和抑制他们拳打脚踢的冲动。

确保孩子的安全

孩子们需要停止他们的伤害行为，同时也需要由父母和照顾者保护他们免受他人的伤害。许多成年人说，他们小时候在受到兄弟姐妹伤害时没有得到足够的保护——他们的父母会在他们打架时说一些类似“他们只是在玩”的话，而没有意识到这种竞争已经恶化为欺凌。

孩子们应该有自己解决分歧的自由，但前提是他们有能力这样做。有时候他们太过于情绪化，无法靠自己解决问题。

从被欺凌者到施暴者

学校里的许多欺凌行为都来自那些被兄弟姐妹打过的孩子。除非父母在适当的时候进行干预，否则打架可能会像野火一样蔓延开来。许多曾被兄弟姐妹反复殴打的孩子，如果父母每次都没有插手，他们就会开始在学校欺负其他孩子（见第254页）。近一半的学生表示，他们曾在某个时候受过欺凌。

召开关于打架的家庭会议

如果家里经常发生打架事件，那就召集一次家庭会议来讨论这个问题。让这一时刻在孩子们的脑海中留下深刻的印象，并向他们展示一份明确的打架规则（见下页）。家庭会议可以传递重要的心理信息，让孩子们可以思考感受，而不是用拳头和牙齿来发泄。这也与大脑研究结果相一致，有研究表明，在语言中加入强烈的情感可以自然地抑制低位脑的原始愤怒系统。会议需要基本的规则和结构，以免变成一片混乱。成功的会议可以基于“圆圈时间”——这是一种由珍妮·莫斯利（Jenny Moseley）在小学中发起的有效情感素养干预措施。在会议中，孩子拿起小泰迪熊（或等同物），他才能说话。这确保了孩子们能彼此倾听，不被打断。

如果孩子太小，无法讨论想法，那么你可以为他们提供解决方案。即使孩子对这个决定不满意，这个过程也会让他们感到安全，知道你花了时间倾听，你足够强大，可以负责这件事。

试试——建立家规

你要制定一些关于争吵和打架的明确家庭规则，并和孩子一起阅读这些规则。这些规则可能包括以下内容：

- 我们家对伤害他人的行为零容忍。
- 打着玩没问题，但你们两人都得保证你们玩得很开心才行。
- 如果你们为玩具大打出手，那这个玩具会被没收，直到你们确定如何分享。如果你们不知道该怎么办，那就找一位成年人帮忙吧。
- 如果你们真的因为太沮丧或太生气而想要打人，那就去找一位成年人来帮你们发泄情绪吧。
- 在这个家庭中，谩骂是不被允许的——相反，去寻求成年人的帮助，找到一个好方法来告诉你的兄弟姐妹，你希望他们不要做什么事。

要点

• 与5岁以下儿童相处艰难，往往是因为他们的大脑系统发育不成熟。

• 你不应该惩罚一个因为大脑系统不完善而做出不良行为的孩子。

• 在聚餐之前，想一想如何让孩子的高位脑参与一些有趣的活动，以免他的运动冲动和原始的低位脑毁了这一天。

• 如果想让你的孩子摆脱发脾气的原始冲动，你需要花很多与他在一起的一对一时间，帮助他控制非常强烈的情绪，并找到语言来帮助他思考这些情绪。

• 迎合孩子的组织饥渴、刺激饥渴和认同饥渴，你会收获一段快乐时光。

第十一章

关于边界

管教是一门真正的艺术。如果你做对了，将比简单地管理孩子的行为的效果更好，可以开发孩子的社交商、德商和情商；如果你做错了，可能会让孩子对这个世界感到更加恐惧或愤怒。所以，当你让孩子知道他正在做的事不好的时候，你需要使用管教技巧来激活孩子的高位脑，而不是触发低位脑受到威胁或攻击时的反应。

孩子不太擅长谈论痛苦的情绪。如果你花时间倾听孩子的心声，帮助他表达自己的感受，并努力改善你们之间的关系，你的孩子通常会表现得更好。

别让孩子变成欺凌弱小的恶霸

管教儿童的方式对人类苦难延续的影响不容小觑。这是因为几个世纪以来，对儿童的管教一直建立在一种假设之上，即道德意识是通过严厉惩罚形成的。心理学和神经生物学的研究结果现在已经证明了这是完全错误的，并表明通过打孩子来阻止行为问题实际上会导致行为问题。

塑造恶霸的大脑

孩子是否会欺凌弱小在很大程度上取决于孩子所接受的育儿方式。研究结果显示，父母反复使用批评和命令、提高声量可能会导致孩子大脑的不利变化，并在未来引发抑郁、焦虑、攻击性行为和自杀倾向等心理健康问题。这种管教方式会让孩子过于敏感，使他的愤怒或恐惧系统过度反应。这种管教方式会告诉孩子服从与支配的关系——利用权力和对他人的控制来达到你自己的目的。孩子很容易以欺凌他人的形式养成这种习惯，特别是如果他被打了一顿作为惩罚的话。在英格兰和北爱尔兰仍然没有禁止父母打孩子。如果你打孩子，那么他会认为当他感到沮丧的时候，他也可以打别人。他可能会打他的兄弟姐妹、家里的宠物猫，或是学校里的其他孩子。

思考

2020～2021年，英国有超过10万名教师因对学生或员工进行身体攻击，或威胁对其使用攻击性武器或违禁物品而被停职。2018年，研究发现三分之二的教师会因为不良行为而被辞退。截至2022年3月，英格兰和威尔士10～17岁青少年的持刀犯罪总数为3490起。

持续的批评和命令

明确一下，以上提到的对孩子大脑

产生不利变化的行为，不包括偶尔对着孩子大喊大叫。有些命令是不可避免的，也是必不可少的，比如，对一个跑到马路上或即将把手指插进电源插座的孩子大喊“停下！”。但是，如果批评和命令成为亲子互动的主体，那父母和孩子将度过一段可怕的时光。孩子学会了在权力和控制基础上建立关系，而对如何在温暖、善良、合作和关系修复基础上建立关系知之甚少。

当孩子每天生活在父母反复愤怒的命令、升高的声量，或愤怒爆发的压力之下时，他的身心会累积非常可怕的紧张感，以至必须通过内部释放（导致抑郁、焦虑、尿床等）或外部释放缓解紧张感。殴打或欺负另一个孩子是很常见的方式，而对于年幼的孩子来说，一般是大喊、尖叫、咬人、击打或破坏东西。这样的孩子很喜欢战斗游戏，经常痴迷于暴力电脑游戏。

如果一个孩子反复受到批评、命令和威胁，这无助于他的高位脑在推理、计划和思考方面的发展。更重要的是，这种育儿方式还会使大脑中的愤怒、恐惧和惊慌/悲伤系统反应过度，让这些孩子在生活中变得非常急躁或经常生气。人们对那些生活方式被“战斗或逃跑”机制所控制的孩子并不友好，导致这些孩子对世界的负面看法被强化。

利用同理心（而不是羞耻心）来管教

育儿科学研究明确指出，父母在育儿过程中需要移除所有事的压力。对于一些父母来说，最困难的是减轻管教的压力，因为当他们还是孩子的时候，他们受到的就是羞耻和愤怒的管教，所以他们不知道还有其他选择。

那么，为什么这一点如此重要呢？言语攻击学的研究表明，如果父母反复用愤怒的言语和语气管教孩子，孩子很可能在未来的生活中出现抑郁、焦虑等精神障碍。言语攻击还会损害孩子大脑的听觉处理部分，导致言语智商降低，从而影响理解能力。此外，即使你在大部分时间对孩子很慈爱、充满深情，也不能弥补反复斥责、羞辱和批评造成的损害。如果父母中有一方经常使用言语攻击，另一方温暖而鼓舞人心，情况也是如此。这些伤人的话语所造成的损害，不能靠另一位家长的赞扬和温暖来弥补。此外，让孩子感到羞愧的管教方式还会引发高水平的皮质醇释放，对发育中的大脑极其有害，并会在未来的生活中导致“羞耻倾向”。此外，这还会对孩子产生除抑郁之外的其他影响，例如，对自己缺乏信心、在脑海中内化羞辱的声音、不敢申请某项工作、不敢接近或反抗某人——所有这些都是出于对羞愧的恐惧。相比之下，那些被赋予界限的孩子，他们的父母通常以一种尊重的方式，用平静的声音管教的孩子，他们在社交、情感和学业上表现得更好，自主神经系统非常平衡，情绪和身体也更健康。

付诸实践

当你的孩子因为破坏了规矩而愤怒时，你需要同情他，而不是批评他。比如，5岁的托尼对她的弟弟说了一句非常难听的话，打破了不准骂人的家规，她妈妈的回应是：“恐怕你的糟糕表现意味着你今天不能玩你最喜欢的电脑游戏了。”托尼非常生气，说道：“我讨厌你，我讨厌你！你知道我喜欢玩这个游戏。”妈妈回应：“我知道，托尼，但遗憾的是，你对弟弟太坏

案例——迷失的孩子们

作为家长，朱莉过得很痛苦，她经常用批评、命令和说教来管教她的两个孩子，但这些方法并不奏效。在她自己的童年时代，她也从没亲身经历过温暖的触摸、拥抱和互动游戏的力量。

4岁的亚历克斯害怕妈妈的喊叫。12岁的萨姆似乎应付得更好，他非常生气并对妈妈大喊大叫。

朱莉管教孩子的方式可能对两个孩子的大脑都产生了持久的影响。亚历克斯大脑中的恐惧系统对最轻微的压力也会反应过度，长大后有可能变得恐惧、缺乏社交信心。而萨姆的低位脑有着过度活跃的愤怒系统，这将为他成年后的工作和社交生活带来真正的问题，因为他很可能在遇到很小的挫败后就彻底爆发负面情绪。

了，你做了一个糟糕的选择。我知道你今天晚上玩不了电脑游戏肯定不高兴，我能看得出你很难过。”但托尼继续说：“我讨厌你，你是最坏的妈妈。”妈妈继续回应：“你必须得知道，用难听的话伤害别人是不对的，但我也能看出你的愤怒。”现在托尼可能不会感觉那么糟糕了，因为她意识到她的愤怒已经被承认了。

思考

孩子会根据他受到的多种影响来塑造自己的行为。电视上的暴力画面（见第118页）已经被证实对孩子有一定的影响，但父母纠正孩子行为的方式也可能导致孩子做出刻薄或残忍的行为。研究表明，在家中被打过的孩子在4岁时会在游戏中扮演受害者或迫害者的角色。另一方面，没有受到严厉管教的孩子往往会展现出善良和合作的态度。

规矩和行为

我们已经说过，严厉的管教方式可能会阻碍孩子的社会化，更有可能导致孩子成为暴徒，而不是成为道德公民。但是，那些发现孩子很难管教的父母又该怎么做呢？

一些父母很难给孩子定规矩。通常，这些父母在自己的童年时代都面对过非常严厉的老师或父母。因此，他们决定永远不要那样对待自己的孩子，于是他们走向了另一个极端。当需要对孩子的行为方式明确规则，并确定犯错后要接受的惩罚时，父母可能会说："亲爱的，请不要这样做，这样不好。"但他们并没有采取任何行动。具有讽刺意味的是，由于害怕成为专横、控制欲强的父母，最终可能会得到一个专横、控制欲强的孩子。如果反社会行为没有立即受到惩罚，孩子就会保持反社会行为。

如果没有规矩

如果你没有给孩子定规矩，那么孩子认为他可以控制你，而不是把你当成家里的老大。从他的角度来看，如果打妈妈和踢门时并没有人制止他，他为什么要停止用这种方式发泄愤怒呢？这可以让他振奋，让他感觉非常强大。如果你从来没有为不可接受的行为设定明确的界限，你的孩子就不会知道界限在哪里。

神经科学家已经发现，不加反思的情绪体验会导致这种情绪成为一种根深蒂固的人格特征。当一个5岁的小恶棍长到9～10岁时，你可能已经无法控制他的身体（例如把他带到另一个房间）。在这个年龄阶段，他可能会严重伤害你和其他家庭成员。

帮助孩子了解边界

父母所施加的限制需要通过声音和行动有坚定和明确的表

思考

你可以忽略或轻描淡写地处理大多数孩子经历的不具危险性、破坏性或伤感情的事。当孩子处于对自己、他人或财产造成损害的危险中时，你需要对他进行严格的管教。你需要在孩子还小的时候就坚持这一点，以避免未来出现问题。

达，而不是表达愤怒或羞辱。如果孩子超越了你划定的界限，就会立即受到惩罚，不应该有任何讨价还价的余地。如果你的声音平淡或微弱，你的孩子不会相信你是认真的。孩子生来就不善于社交，也不会为他人着想。他需要你的帮助来控制大脑中的原始冲动。

什么时候情绪化？什么时候实事求是？

父母要对孩子的良好行为保持情绪化反应。例如，如果孩子正在与其他人合作玩游戏，那么你要尽情赞美："哇，你能给你的弟弟分享你的玩具，真棒，做得太好了！"

相比之下，对不良行为要非常实事求是，一点也不能情绪化。例如，如果5岁的孩子把布丁洒得满桌子都是，你应当用非常低沉的声音说："嘿，你这么做太糟糕了，你今天不能看电影了。我希望你下次能做得更好。"然后你要坚持这个决定。

父母很容易做错这一点，因为不良行为通常比良好行为更能吸引人的注意力。当孩子叛逆或恼人时，父母会变得非常情绪化，当孩子做了一些不错的、善良的、慷慨的或有创意的事时，他们却会就事论事，或是没有注意到。低调回应叛逆行为有助于让孩子保持冷静。如果你对你的孩子大发雷霆，你有可能触发他大脑中原始的爬行动物脑区域，从长远来看，这可能会损害孩子发育中的社交脑。

忽视寻求关注的行为

当孩子踢椅子腿或大声踩踏楼梯时，父母对其行为可进行适当的忽视。这些寻求关注的小动作通常发生在孩子渴求刺激或认同的时候（见第211页）。如果你没有忽视这些小动作，孩子很快就会知道，他会因为挑衅的小动作而获得大量的关注。一般来说，孩子会期待地看着你的脸，期待着父母的愤怒情绪！对于一个孩子来说，这意味着能带给他大量的父母注意力，比如“别这样”或“你怎么敢这样”。所以，尽量不要对视孩子的眼睛，假装没看见、没听到，在心里想想如何以创造性的方式满足他对刺激或关注的渴望。

设立一套明确的家规

家规是满足孩子寻求关注的关键方法，也可以激发他的高位脑。坦率地说，没有规则或没有遵守规则的奖励和违反规则的惩罚，都是非常不理性的。无论在家庭中还是在社会中，规则都能让孩子和成年人感到安全，而缺乏规则可能会导致无序和混乱。

试试——让孩子自己做主

如果你能适当给孩子一些控制权，让他在一些不太重要的事（比如穿什么）上有选择空间，他就不太会为了获得控制权而与你抗争。例如，不要大喊“马上穿上外套，我不会说第二遍”，而是轻松地问“你觉得这件夹克暖和吗，还是想要穿大衣”他们更有可能开心地穿好衣服，而不是和你争吵。

规则帮助我们的高位脑控制好斗情绪和支配本能，而这些本能很容易触发我们的低位脑（见第16～17页）。缺乏这些规则往往会导致家庭成员在心理和身体上受到伤害。规则可以将一切从个人层面提升到目标层面。

试试——保持冷静

不要用生气来奖励粗鲁、挑衅或寻求关注的行为。保持冷静，表现出专注于你当时正在做的事情。这是给孩子最适当的回应，从而告诉他你不会以任何方式鼓励不良行为。

设定规则是为了公平行事，当人们觉得事情是公平的时候，他们就会冷静下来。所以，列出一个简短的规则清单，并把它放在所有人都能看到的地方。这些规则可能包括不准打人、骂人或破坏财产；在家人吃饭时不用手机，每天只有2小时的屏幕时间，每个人在吃饭后都会收拾东西……随着孩子年龄的增长，把家务也放在清单上，孩子做这些家务可以赚取一些东西，比如额外的屏幕时间或金钱。我有一个同事用了一个很好的方法："如果你做家务（例如，喂猫、把碗放进洗碗机），你会得到××零花钱。但如果你不用我提醒你就做家务，你能得到更多的零花钱。"

孩子需要知道违反规则的后果：没收玩具，或者取消屏幕时间，或者取消周日床上早餐之类的享受。给他一个选择也不错："如果你这样做，你将不得不放弃你的屏幕时间，或者你可以选择现在帮我整理厨房的橱柜，你就可以继续拥有屏幕时间。"给出选择是很好的，因为它涉及发展大脑前额叶皮层的决策部分，这与羞辱相反，它可以提升孩子的尊严。

对小孩使用简单明了的语言

在孩子长大以后，他会赞同你对某些行为的解释，比如公平、尊重他人的重要性、培养慷慨而非刻薄的文化。但在他的高位脑发育到足够成熟前，你这样解释就是在浪费时间。对于5岁以下的孩子，你需要给出简单的指示，以符合他的发育水平。使用清晰而权威（但不生气）的声音，简单地说：“不行”“停下”“我是认真的”“如果你再这样做，后果将是……”。如果这个不到5岁的孩子过度兴奋、失去控制，那就把他抱起来（见第269页）。在身体高度兴奋的情况下，他无法专注于你所说的话，无论你表达得多么简单。

使用“选择和后果”方法

这是福斯特·克莱恩（Foster Cline）经过实践验证的一种有效的儿童管教方法，它能调动儿童的高位思维脑，而不是激活低位脑中的恐惧或愤怒系统。事实证明，此方法适用于5岁及以上的孩子，即使是对最具破坏性和反社会的孩子，它也非常管用。

你可以像这样给孩子提供选择和后果：哈德利嫉妒妹妹在生日那天拿到了新的遥控恐龙，于是她在上面乱贴贴画，想把它弄坏。她的爸爸说哈德利做出这样的行为，她必须帮家里做家务，以赚取零用钱购买一个新的遥控恐龙。这让哈德利明白，她的行为会带来某种后果。哈德利的爸爸也可以为她提供选择：哈德利可以买一个新的遥控恐龙，或是用她最喜欢的玩具跟妹妹交换——哈德利的妹妹也会满意的。哈德利的爸爸并没有让她讨价还价，避免给哈德利带来大量的关注和对不良行为的奖励。对这个选择的思考也激活了哈德利的高位思维脑。最终，她选择了做家务。

你不一定非得当场想出适当的选择或后果。如果你强迫自己快速思考，你的选择（以及后果）可能会显得愚不可及、毫无意义或不适合这个情况。给自己一点时间，例如说：“我要考虑一下你做这件事的后果，等我想出来的时候会告诉你。”但是，你要记得在当天告诉孩子后果。年幼的孩子不关心未来，延后的代价他们也不会记在心上，避免选择“周末不准去看电影”这样的后果。

你要记住，不管怎样，最终都要坐下来倾听孩子的声音，与他一起反思到底是什么引发他的不良行为。因此，考虑到哈德利对她妹妹的嫉妒，爸爸可以让她画出发生了什么。它被称为“大移情图”。因此，当孩子无法用语言表达自己的感受时，可以让他画出发生了什么，要包括单词和表情（悲伤/愤怒/受伤），并让孩子（如果足够大的话）圈出正确的感受。如果他这样做了，赞扬他并同情他的遭遇。

奖励良好行为

贴纸、积分和特殊待遇都可以成为奖励，它们可以吸引并开

试试——公平和适当的规则

以人类的优秀品质为基础制定家庭规则——善良、给予、索取、慷慨文化、对他人的尊重。

确保规则有道理，并且是适当的。例如，孩子可以赚取零用钱和特殊待遇。请确保规则是公平的，孩子会敏锐地意识到那些不公平的规则。

要让年龄较大的孩子在家庭规则中拥有发言权，很多孩子已经能够与父母进行真正的对话。但是，给5岁以下的孩子过早地提供民主是行不通的，他们的大脑还不够成熟，无法做出这种决定。这个年龄段的孩子倾向于极端地看待事物，并对轻微的过错进行可怕的惩罚。例如，西蒙（5岁）的父母问他，如果埃迪宝宝咬了他的保姆，他们应该做什么，西蒙回答："把他扔进垃圾堆里。"

记住，当你的孩子遵守规则时要表扬他，而不是只注意到他违反规则的时候。

发孩子的高位思考脑，让孩子权衡做某事的利弊。没有明确奖励制度的家庭有时会给孩子太多的批评，只有很少的表扬。对不良行为给予太多关注会导致更多的不良行为，对良好行为的大量关注也会引发更多的良好行为。这是一个简单的道理，却非常真实。让我们面对现实吧，根本不存在什么无动机行为，我们的大脑天生就是用来寻找快乐和避免烦恼的。作为成年人，我们有动力起床去工作，是因为我们会得到金钱、工作满足感和社交乐趣。因此，下次你的孩子不想去洗碗的时候，请记住，他的行为很正常，因为他看不到这可以给自己带来什么回报。

享受助人为乐的快感（例如，为家庭的有效管理作出贡献）而不需要有形奖励是逐渐发展而来的。所以，放过年幼的孩子吧！一开始，他可能需要奖励，比如贴纸或积分。有一些孩子，只要得到妈妈的一个灿烂微笑和一句“做得好”就足够了。随着孩子慢慢长大，他会拥有更复杂的动机模式，比如为家人做饭所获得的成就感，或者在之后的发展阶段，出于对别人的爱去做一些事，这种快乐更胜于收到礼物的快乐。

如果你想奖励某些行为，比如善良之举、友善分享玩具的能力，那么在孩子做了这一行为之后，尽快奖励给他一张贴纸，这样他就会把自己的行为和奖励带来的快乐真正地联系起来。积累贴纸以换取大奖是非常有吸引力的。制作一张图表并把它挂在墙

案例——为什么要我收拾？

爸爸让史蒂夫在看电影前收拾一下房间，但史蒂夫不感兴趣。他认为如果他不理睬这个请求，爸爸很可能会让步并帮他收拾。爸爸说，如果史蒂夫不收拾，那他们就不去看电影。爸爸以一种低调但明确的方式使用“选择和后果”，没有喊叫，没有打骂，也没有哄骗。后来，史蒂夫自己收拾好了东西，爸爸也准备带他去看电影了。

另一种方法是改变重点，把你的威胁变成承诺。与其用愤怒的声音说“如果你不整理你的房间，你就别想看电影了”，不如用温暖的声音说“我保证，只要你整理你的房间，你就可以看电影”。这一转变简单但至关重要，可以让孩子避免被无休止的唠叨伤害，从而变成一个高度积极、乐于助人的孩子。

“看看我做了什么”

贴纸对鼓励和奖励良好行为很有帮助。让你的孩子把贴纸贴在图表上，让他看到自己的进步。你可以在图表上画一些不同大小的树，然后做一个魔毯记号。你的孩子每赚到一张贴纸，魔毯就会移到更高的树上。当魔毯移动到最高的树上时，你的孩子就可以得到一份礼物。

上，让你的孩子看到他获得了多少贴纸，对他来说这是一个视觉提示，他会让你不断赞扬他所取得的成就。一个特别的奖励也是一个好主意，比如“今天可以晚一点睡觉”“和爸爸去公园进行一次特别郊游”，或是一个小小的惊喜礼物。

对于大一点的孩子或青少年来说，奖励也能起到同样的作用，但积分需要换为现金。你的孩子会知道，如果他想要零用钱，就必须靠自己赚，并小心地保护好它。赚取零花钱是孩子学习在成年人世界中生活的一个很好的练习方式。他可以通过做家务、在特定时间段内遵守家规或做好事来获得积分。扣分也要有明确的措施。如果孩子“破产”了，他的平板电脑等重要物品将被没收，但随后他可以重新赚回这些物品。

使用理性语言

在向孩子解释社会可以接受哪些行为时，一些父母会使用吵架（骂人）用语。这可能会过度激活孩子低位脑中的原始警报和压力反应系统，导致孩子在未来生活中出现愤怒或焦虑的人格问题。通过骂孩子要求他盲目服从，往往会激起孩子的反抗-叛逆-违抗。要求孩子盲目服从将教会他什么是顺从。但对一些孩子来说，这会激活低位脑中的愤怒系统。当这种情况发生时，你会看到孩子当时服从了你的管教，但他的愤怒系统就像一颗定时炸弹，可能在他生命中的任何时候被引爆。对一些孩子来说，这颗定时炸弹会在操场上被引爆，让这些孩子变成欺凌弱小的恶霸；对另一些孩子来说，这颗定时炸弹会在青春期被引爆，表现为自我伤害或暴力倾向。

相比之下，理性语言对孩子的发展有很多好处，因为它可以培养孩子更高的思维能力。研究表明，当一个有思想的成年人帮助孩子将词语与感受联系起来时，孩子的大脑会在高位脑与低位脑之间形成通路。这些通路对他们在以后的生活中很好地管理强烈的感觉或压力至关重要。

例如，面对尖叫的小皇帝行为（见第222～226页），你可以使用这样的理性语言："好吧，你现在看起来不是很开心，如果你愿意好好地说一说，我很乐意听你说。"然后不要再多说一个字。而骂人的话可能是："你的坏脾气又来了。你知不知道我们为你做了什么，而我们从来没有得到过任何感谢！"前者会让孩子思考发生了什么，后者可能会更多地触发孩子低位脑中的愤怒系统。

试试共同反思

不要用分离惩罚来控制孩子，要试着让孩子停下来并倾听孩子的意见，在不良行为再次发生之前解决其背后的冲突。共同反

思考

对一个叛逆的孩子使用“选择和后果”有助于发展他的额叶进行反思、思考、谈判和权衡选择的能力。重要的是不要使用喊叫和命令，而使用冷静而轻柔的声音。发达的额叶具有以下能力：

- 行动之前的推理、计划、反思和思考。
- 与大脑其他部分建立连接。
- 谈判。
- 解决问题。

命令经常被孩子视为对尊严的攻击，让他感到羞愧或羞辱。命令将教会孩子如何顺从和支配——这种训练会让孩子成为一个欺凌弱小的恶霸（见第254～255页）。

思是在孩子做出一些不良行为后支持孩子的社会和情绪发展的做法，父母和孩子坐在一起，讨论他为什么会这样做。你可以这样开头：“你能告诉我是什么让你对××如此生气吗？”如果他不能告诉你，试着画一幅大移情图（见第262～263页）。之后，把笔交给你的孩子，然后说：“成年人可能会犯错（我画得不一定对），你可以按照你的情况修改我画的内容吗？”许多孩子会做出修改。在感同身受的同时赞美他。记住，虽然孩子的行为可能是错误的，但他的情绪永远不会错。所以，永远不要说“你不应该有那种感觉”。相反，要接受这种感觉并感同身受。

相比之下，分离惩罚可能会阻止孩子的不良行为，但这对孩子发育中的大脑来说不是好事。对大多数儿童来说，分离惩罚非常容易引起压力，因为它会触发低位脑的惊慌/悲伤系统，这会释放出高水平的应激激素促肾上腺皮质激素释放因子，然后阻断阿片类物质和催产素的分泌。潘克塞普教授将其与海洛因成瘾（海洛因成瘾还涉及阿片类物质戒断和高水平的应激激素促肾上腺皮质激素释放因子）的痛苦进行比较后发现，这种生物化学特征会导致严重的情绪痛苦。更重要的是，大量研究表明，早期亲子分离容易使青少年和成年人患上抑郁症，甚至让孩子习惯压抑情绪，隐藏自己的痛苦情绪。

共同反思概念的提出人魏宁格在谈到分离惩罚时说：“在孩子需要帮助的时候，我们却转身离他们而去。”随着时间的推

思考

通过共同反思得到帮助的孩子会知道，他的父母并不害怕他的激烈情绪，并且知道如何处理它们。如果我们不会进行共同反思，我们就有可能在孩子最需要成年人理解的时候离他们而去。孩子的社交脑的发展包括对他人的敏感性、同理心和准确想象他人情感等能力。孩子只有经历过别人敏感地对待他的情感，才能发展他自己的社交脑。

移，共同反思可以帮助孩子将愤怒、寻求关注的行为转变为一种更为深思熟虑的生活方式。

为什么分离惩罚永远不合适

分离惩罚永远不适合孩子。大多数不到5岁的孩子都有失控的时刻，有时还会在地上打滚哭泣。小孩子在穿衣服时、在另一个孩子拿了他心爱的玩具时都有可能尖叫（见第214页）。在孩子还小的时候，分离惩罚会激活他大脑中的警报系统，这对他来说非常残忍。如果你这样做，就会让孩子身心俱疲：你不仅没有安慰他的悲伤，还在他面对痛苦和失落时惩罚他。经历了分离惩罚的孩子会产生以下心理信息：

- 我不可以有激动和痛苦的感觉。如果我这样，爸爸妈妈会惩罚我。我只能有温和的感觉。
- 当我与痛苦的感觉作斗争时，我不应该向爸爸妈妈寻求帮助，他们可能会生气。

虽然我们想让孩子改掉不良行为，但我们必须谨慎行事，以免导致孩子产生激烈情绪，同时失去充分感受生活的能力。分离惩罚对孩子的大脑发育非常不利。当孩子有失落、失望和愤怒情绪时，父母应该帮助他进行调节。研究表明，如果一个孩子处于悲伤状态，他的大脑就会充满高水平的压力化学物质。虽然他可能会因为你生气而停止哭泣，但他的皮质醇水平仍保持在极高的水平，这将让孩子在很小的时候就学会压抑痛苦的情绪，而不是表达出来。

尝试拥抱技巧

在孩子失控的时候抱住他，让他平静下来，这不是约束孩子，而是在用拥抱他的双臂为他提供坚固、安全、平静的港湾。拥抱可以给孩子带来一种感觉——有一个足够强大和冷静的人能够控制住他强烈的情感风暴。当孩子充满无法驯服的野性，并且没有人帮助他摆脱失控的过度兴奋状态时，这对他来说可能是很危险的。当孩子有伤害自己、他人或财产的风险，并且命令他“停下！”已经不起作用的时候，你最好把他抱起来。因为当时孩子处于极高的唤醒状态，他可能根本听不到你说的话，他大脑的语言中枢已经“死机”。

只有你冷静时，才能进行拥抱

应当以善良而坚定的态度进行拥抱。就像婴儿会被母亲平静的身体抚慰一样，你成熟的自主神经系统可以调节孩子不成熟的自主神经系统，你的孩子也会平静下来。

如果你怒气冲冲，千万不要使用这个方法，否则你无法让你的孩子平静下来。此外，你的孩子会因为你的压力而变得更加兴奋，而不是平静下来。如果孩子在失控的状态下伤害了你或是逃离了你的怀抱，这种情况使用拥抱对双方都没有好处，孩子也不会感到安心和安全。如果可能出现任何危险，请不要使用这一技巧。

有一种拥抱孩子的技巧，可以让孩子感到非常安全和在情感上被拥抱。如果你手忙脚乱，你或者孩子都有可能会受伤，并且也无法让孩子平静下来。你必须确保你的手臂不会影响孩子的呼吸，并确保你是坚定且不生气的。

- 靠着墙或沙发坐在地板上，一定要摘下你的手表和任何可能会伤害到孩子的珠宝，把你的鞋子也脱了。
- 把自己想象成一条柔软、温暖、平静的毛毯。将孩子的双臂交叉放在你面前，并将你的双臂交叉放在他的双臂上，轻柔但坚定地按住他的胳膊。双腿弯曲，交叉于孩子的双腿之上，防止他乱踢。在这条“毛毯”里，你的孩子会感到非常安全，而且不会弄伤自己。如果你没做错，过一段时间，你也会感到非常平静，几乎处于冥想状态。所以，给自己留出充足的时间。
- 对孩子说：“我要在这里抱住你，直到你再次平静下来。”如果孩子情绪失控，你担心自己被他的头撞到或被他咬伤，你可以在你的胸部或他的下巴和你的胳膊之间放一个垫子。
- 孩子可能会尝试各种方法来让你放手，比如说“我要尿尿”或“我要喝水”，如果他陷入恐慌或真的很痛苦，那就放手吧。否则，不要被他骗了。如果你被骗了，你很快就会知道，因为孩子会咧嘴而笑，得意扬扬。如果他这样骗了你，你就把他拉回你的怀抱。
- 给你的孩子足够的时间，让他平静下来。

循序渐进地设置边界

大多数情况下，父母是在被孩子的行为激怒的时候立规矩，而且往往会不假思索地直接使用最高级别的规矩。更好的方法是从低级别的规矩开始，只有在之前的规矩不起作用时才使用更强的规矩：

- 一级规矩。5岁的贾米尔把画笔从纸上移到地毯上。母亲说：“贾米尔，我真的是认真的。请把画笔放在纸上。”对很多孩子来说，这

已经足够了。贾米尔遵守规矩，把画笔放在了远离地毯的地方。但如果他不这么做呢？那么他正在规矩的边界试探。

• 二级规矩。母亲说："贾米尔，我是认真的。你必须把画笔放在纸上。"妈妈还把手放在了贾米尔的肩膀上，说："贾米尔，你听懂了吗？"对很多孩子来说，这已经足够了，贾米尔再也不会这么做了。但想象一下，如果贾米尔继续试探规矩的边界，并开始在墙上画画。

• 三级规矩。母亲说："贾米尔，你的行为告诉我你还不适合使用这些颜料，所以我们会把它们收起来，放到厨房的桌子上，你现在用蜡笔。"对于大多数孩子来说，这就足够了。但是，贾米尔也有可能大发雷霆，乱涂颜料。

• 四级规矩。母亲开始使用拥抱技巧（见第269～270页），贾米尔一边尖叫一边踢腿。母亲说："我知道你现在很生我的气，我知道。"贾米尔可能会说："放开我，放开我。"但他的母亲一直抱着他，坚定且不生气并确保自己的手臂不会阻碍贾米尔的呼吸。过了一会儿，被要求遵守高级别规矩的孩子通常会开始哭或让他的身体被拥抱。最终，贾米尔和他的母亲达成共识，他们将一起清洗地毯。这件事在共同反思中得到妥善解决（见第266～268页）。临床心理学家丹·休斯称这种方法为"亲情修复"。

案例——不要使用分离惩罚

麦克斯因为拒绝吃下一大盘意大利面而被分离惩罚。当母亲关上门时，她听到麦克斯说："谢天谢地，总算可以离开那个坏妈妈了。"6分钟后，麦克斯的母亲打开门说："你可以出来了，麦克斯。"但麦克斯却回答："我不想出去，谢谢。"她找到了一些线头，正高兴地做一张蜘蛛网。那些总是因为最轻微的错误而被分离惩罚的孩子可能更喜欢这样，而不是与总是批评他们的父母在一起。

为什么有些孩子会试探规矩的边界呢？

这可能是因为这些孩子在两三岁的时候曾经赢得过与父母的“战斗”，当时规矩的边界很不明确或是没有边界。如果年幼的孩子在“战斗”中赢了，他们会觉得自己比父母更强大。这可能确实会让他们感到非常兴奋，但对他们来说也非常可怕。这些孩子会经常考验你，以寻找更加清晰、坚固的边界，因为他们希望他们生活中的成年人能主导局面，这样他们才会有安全感。

如果你觉得你已经尝试过所有的方法，但你和孩子的关系还是出现了问题，那么一个很好的方法就是去寻求亲子治疗师或家庭关系治疗师的帮助。

如何应对亲子冲突？

你需要控制自己的怒火，以温和而积极的方式处理冲突。你需要承认孩子在那一刻对你的感觉是真实的，即使在你看来这是不公平或不理性的。例如，如果12岁的乔治生他父亲的气，他会说：“爸爸，你从来不会听我说，你就知道唠叨我，我讨厌你。”他父亲可能会回应说：“我有在听，我一直在听。”然而，如果是具有同理心的回应，他应该承认乔治的看法，并回应道：“你觉得我没有在听你说这些重要的事，就好像我对你充耳不闻一样。如果你有这种感觉，难怪你会生我的气。乔治，你现在说给我听好吗？”

对于年龄较小的孩子，最好的做法往往是幽默地和他交流。例如，如果一个生气的幼儿说“走开”，不要回答“你怎么敢叫我走开”，你可以试着说：“啊，你有麻烦啦，我是一只饥饿的大老虎，喜欢吃脚趾！”然后用滑稽的声音和动作假装这样做。如果孩子咧着嘴笑，那么你的幽默交流已经成功了。如果他对你的幽默没有反应，那就停止，因为现在不合适。

思考

在管教孩子之前，你要考虑他是否要对自己的行为负全部责任。你最近有没有给他足够的关注？他需要到外面去发泄吗？定期与孩子进行一对一相处，有助于从一开始就避免麻烦。

要点

●用愤怒、批评和命令来纠正孩子的行为可能会导致他低位脑中的愤怒或恐惧系统过度敏感。

●忽视孩子的不良行为，当他表现良好时给予他大量的关注，总能得到更好的结果。

●共同反思能帮助你了解孩子为什么表现不好。

●家庭规则和明确的规矩有助于孩子获得安全感。

●“选择和后果”可以激活孩子的高级思维脑，而不是激活他低位脑中的恐惧和愤怒系统。

●以维护孩子尊严的方式管教孩子，对他未来的心理健康、社交商和情商发展产生深远影响。

第十二章

照顾好自己

育儿是压力最大的工作之一。除了奇妙的、愉快的和深刻的成就感之外，你还将经历零碎的睡眠和对你的耐心和脾气的极端考验。你的工作是帮助孩子处理各种情绪，不论是脾气和愤怒，还是兴奋和快乐。为了成为冷静、有爱心、有同理心的家长，你需要好好照顾自己。这意味着你需要意识到自己的情绪低落，并为此寻求支持，找时间恢复身心平衡。

无压力孕期

当你怀孕时，照顾好自己的情绪和身体非常重要。你的情绪状态会影响胎儿的大脑发育。如果在怀孕之后，你感到有压力、抑郁或焦虑，你需要特别的支持。

产前压力

从第七周开始，在胎儿血液中可以发现带来愉悦的阿片类物质，这是人生美好的开始！然而，我们也知道，如果母亲在怀孕的最后3个月反复承受非常大的压力，过高水平的压力化学物质（皮质醇和谷氨酸），可能会通过胎盘传递到胎儿的大脑。

一些研究表明，受到高水平压力化学物质影响的胎儿，无论在童年时期还是成年后，应对压力的能力都会降低。母体在怀孕期间承受高水平的压力是孩子在未来生活中患上抑郁症和药物成瘾的风险因素之一。一个出生前就感受到压力的婴儿，在出生后可能会非常不安，父母可能要付出额外的努力以调节孩子痛苦的情绪和身体状态。如果一个有压力的婴儿接受了充分的平静和抚慰式的育儿方式（本书中描述的类型），他处理压力的能力就可以提高。在某些情况下，母体在怀孕期间有过多的压力也会影响胎儿体内关键情感化学物质和激素的基因表达。这意味着某些关键基因没有发挥应有的作用，未移动到大脑中的正确位置。母亲怀孕期间的高压力，特别是母亲生活中未经处理的创伤，已被证明会影响男孩的睾酮水平，这是由于在子宫性别分化的重要阶段，应激激素会破坏睾酮的产生。

思考

胎儿在子宫中的最后3个月特别容易受到母亲高水平压力激素的影响，此时其大脑正处于主要的生长突发期。在这段时间里，母亲要尽量放松、获得情感支持。孕期按摩被证明可以降低母体焦虑和压力激素水平。

思考

大量证据表明，孩子成年后的许多心理健康问题可以归因于产前HPA轴（见第34页）处于面对压力的高度戒备状态。这导致婴儿在压力中出生。母亲的应激激素通过胎盘传递给胎儿，也会导致早产和出生体重减轻。

一项研究发现，产前压力与日后心血管疾病之间存在关联。一些研究甚至表明，这些对HPA轴的不利影响可以代代相传；从受孕的那一刻起，表观遗传学的变化就可以从父母传给孩子。

研究发现，产前抑郁的女性的皮质醇水平较高，多巴胺和血清素水平较低。她们的婴儿在出生时与母亲有着相同的生化特征：皮质醇水平较高，多巴胺和血清素水平较低。这些婴儿当时很难得到安慰。

酒精、药物和吸烟

如果你在怀孕期间非常焦虑或压力很大，那就休息一下并尽量让自己放松下来。头部或足部按摩是不错的放松方式。不要试图求助于酒精或药物（医生开的处方除外）。服用含可卡因、致幻剂、安非他明等药物或饮酒会改变胎儿的大脑发育。酒精还会提高胎儿的皮质醇水平。研究表明，酗酒母亲的孩子在出生时可能会有过度反应的压力反应系统。

在怀孕期间大量饮酒的母亲，她们孩子的大脑扫描结果通常会显示出大脑（高位脑）发育得较小、皱褶较少，小脑（控制协调和运动）和脑干（负责呼吸和体温等基本功能）也可能受到损害。患有胎儿酒精综合征（FAS，由母亲过度饮酒引起）的儿童大脑发育不完全，容易导致精神和情感问题。与怀孕后期饮酒相比，怀孕前3个月饮酒对胎儿的危害更大。英国首席医疗官建议，怀孕或备孕女性应该完全禁止饮酒。事实上，贝尔法斯特女王大学的彼得·赫珀（Peter Hepper）教授研究发现，只喝一杯酒也会抑制胎儿的行为，更糟糕的是，即使女性体内的酒精排出后，这种影响仍在继续。

如果你在怀孕期间吸烟，你肚子里的宝宝就会受到有害的尼古丁、焦油和一氧化碳的影响，同时减少了宝宝的氧气供应。研究表明，怀孕期间吸烟还会导致胎儿大脑某些部分的结构和功能改变，使婴儿面临出现行为问题和学习困难的风险。每天吸烟10支以上的母亲生下有不良行为的孩子的风险明显更大。在怀孕期间吸烟的母亲，她们的孩子在未来生活中酗酒、滥用药物以及抑郁的风险也更高。因此，在怀孕之前请尽一切努力戒烟。我们也建议怀孕期间吸烟的母亲不要与婴儿同床共眠（见第76页）。

减少产前压力或抑郁

研究表明，某些特别类型的支持可以减少产前抑郁女性的焦虑和抑郁。

- 同伴支持小组（每周20分钟，持续12周）。
- 人际心理治疗小组（每周1次，持续12周）。被一个有同理心的人倾听和理解会降低压力激素水平，触发奖励化学物质，从而保护你和未出生的孩子。
- 产前按摩可降低皮质醇水平，增加多巴胺分泌，减少焦虑。最好的按摩形式是中等强度按摩（而不是轻触摸），可以显著减轻压力、抑郁、焦虑、腿痛和背痛、皮质醇水平、胎儿过度

思考

研究表明，母乳喂养对母亲的情绪很有好处，这可以镇静大脑中的压力反应系统。如果母亲感到平静和放松，也有助于平静和抚慰她的孩子。母乳喂养还会为婴儿提供必需的多不饱和脂肪酸，可以增加高位脑中关键化学物质（多巴胺和血清素）的产生。不过，一些研究结果表明，不论是母乳喂养还是奶瓶喂养，当你平静地把婴儿抱在身边时，他的压力激素就会降低。

活动和早产儿率。按摩可以是家人按摩（持续16周，每周2次，每次20分钟），也可以是专业按摩（持续5周，每周1次，每次20分钟）。

情绪失调的婴儿

通常，出生时多巴胺含量低、应激激素水平高的婴儿会出现严重的情绪失调和压力，他们看起来非常伤心，会耗尽父母的精力。因此，如果你是这样一位家长，你将需要大量的支持和帮助。

- **为了孩子**：向擅长情绪调节的朋友和亲戚寻求帮助，他们会关注你孩子的痛苦并陪伴他，而不是试图让他摆脱痛苦。
- **为了自己**：尽量不要花太多时间独处，否则你将不知所措，感觉压力过大。我们是群居动物，需要别人来安慰我们，尤其是当我们要照顾一个情绪失调的婴儿时。所以，试着走出去，尽可能多地参加亲子活动。你会从其他有过相同经历的父母那里得到安慰和支持。不要害怕寻求帮助。如果你和宝宝一直保持平静，你们都更有可能回到正常的状态，这叫作“社交缓冲”。大量研究表明，社交缓冲可以使大脑中的压力反应系统恢复正常功能。最有效的社会支持可以使婴儿的皮质醇减少50.4%。

产后抑郁

多达80%的女性会在分娩后几天患上“婴儿忧郁”。如果痛苦的感觉持续一周以上，那可能是产后抑郁症。产后抑郁症影响着十分之一的新手妈妈。

这种慢性抑郁症，使大脑不断释放出越来越多的压力化学物质，从而阻断大脑中积极唤醒化学物质（比如阿片类物质和多巴胺）的释放，导致产妇在大部分或全部时间内处于痛苦之中，全世界顿然失色。即使是你的宝宝或你爱的人说他们爱你时展示出灿烂笑容，也不会让你感觉良好。你可能对几乎所有的活动都失去兴趣或乐趣，你可能有睡眠问题或睡得太多，你会有一种没有价值的感觉，以及过度和不适当的内疚感。这可能会影响你享受做母亲的乐趣，你可能还会对宝宝可能发生的危险感到恐惧。不幸的是，产后抑郁症的慢性压力会阻断维持天然母性的阿片类物质和催产素的分泌，你可能会觉得宝宝不喜欢你或讨厌你，但事实并非如此。

这些都不是你的错。慢性抑郁症会阻断低位脑的关怀和游戏系统（见第32页），这会剥夺你的母性情感以及你和孩子玩耍或身体接触的愿望。患有抑郁症的母亲对婴儿的需求会表现出漠然的情绪反应和迟钝的奖励化学反应。

如果你得不到帮助，你的产后抑郁会影响孩子未来的心理健康。一项对产后抑郁症母亲的婴儿进行的22年纵向研究显示，这些孩子原始的皮质醇反应更强，当他们成长到青少年时期，皮质醇水平仍然很高。因此，母亲在产后发现自己有抑郁倾向时及时寻求帮助至关重要。

研究表明，以下几项可以对产后抑郁的母亲有所帮助：

- 每周与心理咨询师进行一次重要的反思性对话对产后抑郁母亲有明显帮助。研究发现，如果患有抑郁症的父母定期接受心理咨询师的情绪调节，他们的孩子就不会有长期的心理健康问题。如果没有进行这样的反思性对话，那些父母的孩子到了十几岁的时候，面对压力时的皮质醇水平会过高。

- 接受视频反馈疗法或认知行为疗法（CBT），辅以某些放松技巧，产后抑郁的母亲可以持续缓解抑郁。她们的孩子到2岁时的发育结果处于正常范围。

- 出生2周内的抚触按摩被证实能使婴儿拥有更好的认知控制、执行能力、情绪和生理调节，这些益处在孩子10岁时仍然存在。

- 抗抑郁药物和咨询联合治疗可以让产后抑郁的母亲的身体唤醒系统和调节情绪稳定的化学物质良好地工作，并降低她的压力激素水平。

社会支持的重要性

社会支持可以缓解产后抑郁的母亲的情绪，帮助其感受到更多的母性。3种神经生物学途径将社会支持与身心健康和寿命联系起来：免疫系统、ANS（见第25～28页——镇静身体并建立良好的迷走神经张力）、神经内分泌系统（大脑调节体内激素）。社会支持能降低人体的皮质醇和CRF（见第33～34页）水平，并激活催产素。

为了获得社会支持，可以尝试加入亲子社群成父母社群。正如一句谚语所说：“生孩子只需一个女人，但养育孩子需要整个村庄。”如果你不喜欢社群，或者找不到，可以考虑找一位经验丰富的母亲开导你。

父母需要学习依恋游戏（见第198～202页），但如果宝宝的生活中有另一个温暖的、富有同情心的依恋人物，可以和他一起玩，安抚他，他也会很开心的。等你状态好一些了，再去陪伴孩子。

成为父母后的压力

养育子女伴随着快乐和很多艰苦的工作。你不仅要照顾孩子的身体需求，还要照顾他的情感和心理需求。永远紧绷的神经会对你造成伤害，学会应对自己的压力也是必要的。

父母生活中的一天

想象一下照看3岁孩子的一天。他刚刚得到了一辆新的红色大巴，而你的热情放大了他对这个玩具的喜爱。他跳到你身上，想要和你进行10分钟的打闹游戏。你知道这种玩法对他的大脑有好处，所以你怎么能拒绝呢？接下来，你给他一块饼干，他却不小心摔碎了饼干，他想让你把饼干修好，大声哭泣。当你解释做不到时，他把一杯牛奶砸到了地上……

后来，你说服孩子不把他的宠物青蛙带进客厅，你还阻止了他和兄弟姐妹打架。你开始感到疲倦，但孩子还想让你看着他按下黄色卡车上的“嘟嘟”按钮。他满怀期待地看着你，等着你说“哇”，当你这样做时，他的脸上露出灿烂的笑容。那个微笑让你觉得他很可爱，但当他第10次让你看的时候，你觉得有点累了。尽管如此，你知道关注和赞扬对孩子的大脑建立积极的化学唤醒系统非常有好处，所以你一次又一次地这样做。到了晚上，你还要帮助孩子调节他上床睡觉之前的脾气。

在照顾孩子几小时之后，你会渴望有一些安静的时间。在你的情绪没有得到调节的情况下，你只能调节孩子的情绪这么久。用神经科学的术语来说，此刻的你在生化上是“失调的”，你的自主神经系统也会失衡，从而增加你的压力感。

试试——自我充电

如果你有几分钟的空闲时间，不要去做家务。相反，努力做一些让你觉得放松和愉快的事。这样的放松时间可以让你保持冷静，并能够以同理心面对你的孩子。

为什么我这么容易冲孩子发脾气？

当你的孩子做一些淘气的事时，你会感到疲惫、愤怒和易怒，这是你生化失调的信号。你低位脑中的愤怒系统持续被触发，而不是用你的高位脑来思考最佳回应。你的高位脑充满了压力化学物质，使你失去了共情和清晰思考的能力，你只想吼叫！

这对你来说确实很难，因为你的育儿角色之一就是作为孩子的情绪调节者，帮助他应对自己无法控制的情绪，并学会忍受这样的情绪。这样，你将帮助他的大脑建立通路和系统，最终使他能够独立完成一些事。如果孩子没有得到有效的情绪调节，未来的生活可能会非常艰难。

食物能改善情绪

影响情绪的一些关键化学物质是从食物中产生的。通过吃一些特定的食物，避免吃某些食物，你可以控制或增加你身体和情感的感受。规律饮食也有助于控制你的情绪，并带来幸福感。

如果你知道哪些食物会生成哪些大脑化学物质，你作为养育者的能力会大大提高。例如，当你发现自己对孩子的行为反应过度时，问问自己："我这么烦恼是因为压力太大还是我缺少一些关键的维生素？"

情感化学物质可以相互协同作用，但它们非常敏感。如果一种化学物质含量偏低，就会影响其他化学物质，让你感到痛苦。你可以通过吃特定的食物来改变大脑中的化学物质失衡。

通过饮食让自己情绪稳定

血清素可以改善情绪、稳定情绪，促使良好的睡眠。当血清素水平较低时，人们会感到抑郁、好斗和焦虑。色氨酸是制造血清素的基础，它来自食物。你可以通过吃大量的香蕉、面包、意大利面和油性鱼类（如鲑鱼和鲭鱼）来确保你获得足够的色氨酸。你也可以服用鱼油补充剂。

思考

如果你感到筋疲力尽，想想是因为睡得不好，还是有其他原因？你吃得好吗？如果你的大脑没有稳定的葡萄糖供应，也没有足够的蛋白质生成积极的唤醒化学物质，你就会感到疲倦。

你一整天都待在室内吗？改变一下环境，与精力充沛的人待在一起做些有趣的事（比如去一家热闹的咖啡厅或看电影）来激活你的大脑探索系统，从而提高你的多巴胺水平。

不要带着压力上床睡觉。否则，高水平的皮质醇可能会在凌晨叫醒你。你可以洗个澡或倚靠在伴侣的怀抱里，以此调节情绪。

为了让大脑有效地制造血清素，你还需要吃富含维生素B_6、维生素B_{12}以及叶酸（维生素B_9）的食物，包括香蕉、牛油果、鱼肉、蔬菜、烤土豆、鸡肉和牛肉等。你也可以服用维生素B补充剂（B族维生素是协同工作的，所以要服用包括维生素B_1、维生素B_2、维生素B_6、维生素B_{12}和叶酸的补充剂）。维生素B_6在血清素的产生过程中尤为重要，每天摄入不足1毫克就会严重影响你的情绪状态。研究表明，当一些抑郁的人摄入足够的维生素B_6和维生素B_{12}时，他们的抑郁症状就会消失，睡眠质量也会提高。随着年龄的增长，你需要更多的维生素B_6和维生素B_{12}，因为你吸收它们的能力会逐渐下降。维生素B也有助于制造和释放GABA（大脑中一种关键的抗焦虑化学物质，见第46页）。

食物是你的动力源泉

最佳水平的多巴胺与其他大脑化学物质的结合，是确保你有必要的心理动力来充分参与生活和与孩子相处的关键。当你大脑中的多巴胺被强烈激活时，可以抵消轻微压力的负面影响，这些压力是养育孩子时不可避免的。如果你大脑中的多巴胺未能最佳激活，你会感到疲倦、易怒和抑郁，并缺乏动力来开发有趣的活动，无法让你的孩子做你也喜欢的事。

为了制造多巴胺，大脑需要酪氨酸，酪氨酸存在于鱼类、肉类、坚果和奶酪等富含蛋白质的食物中；你还需要必需的矿物质和维生素。食物对于维持大脑中多巴胺的最佳水平有显著作用。

帮助你在压力下保持稳定的食物

油性鱼类含有一种被称为“二十二碳六烯酸（DHA）”的omega-3脂肪酸。DHA是大脑生化中的强大角色，构成了脑细胞膜中大约一半的脂肪。它可以建立和保持柔韧的脑细胞结构，帮助大脑有效工作，使化学信息可以轻松地在大脑中传送。已被证明，DHA可以通过提高血清素水平来改善情绪，它只能从饮食中获得。对不同国家鱼油消费量的研究表明，随着鱼油消费量的增加，人群中抑郁症的发生率会下降。事实上，DHA水平越低，抑郁症可能越严重。许多人的饮食中严重缺乏DHA，吃富含脂肪的鱼类或服用DHA补充剂是很有必要的。

沙丁鱼、鲑鱼、金枪鱼、鲭鱼和冷榨亚麻籽油富含DHA。你可以通过服用鱼油补充剂摄取DHA，但在购买任何产品之前要看清楚成分，因为一些补充剂只含有二十碳五烯酸（EPA）。随着

试试——高质量早餐

富含蛋白质的早餐可以提高你的酪氨酸水平，提高你的注意力和解决问题的能力。吃一顿丰盛早餐的人一整天都更有效率和创造力。牛奶和酸奶是蛋白质的良好来源。

你吃的碳水化合物类型也很重要。全麦面包比白面包更好，白面包只能提供大约一小时的能量。此后，你的情绪和精力水平会逐渐下降。燕麦等复合碳水化合物会让你的血糖水平缓慢上升几小时，能为你提供持续的能量，并有助于稳定情绪。

年龄增长，你需要补充更多的DHA。值得注意的是，DHA水平会因饮酒和吸烟而降低。

精神焕发一整天

饮食不当或选择了糟糕的食物会对你的一天产生巨大影响。如果你不吃饭，依赖咖啡因或含糖零食来保持活力，你会易怒、感到焦虑，在孩子身边缺乏活力。请你试着去遵循这些合理的饮食指南：

- **吃一顿丰盛的早餐和午餐**：研究表明，不吃早餐的人感到抑郁的概率是普通人的两倍，焦虑的概率是普通人的四倍。不吃早餐意味着你的血糖保持在很低的水平。你的大脑在这种状态下无法正常运作，你的肾上腺会释放出高水平的肾上腺素和皮质醇，让你感到焦虑和紧张。
- **避免吃含糖量高的食物**：如果你没有时间给自己准备适当的食物，只能随便吃点饼干或巧克力，这是非常不好的。空腹吃含糖量高的食物，会使你的血糖水平急速提升，你的身体随之会释放胰岛素，让血糖水平再次降下来，这意味着血糖水平会降到远远低于你吃东西之前的水平。这会让你对孩子感到疲倦和易怒，这些负面情绪通常都是由低血糖引发的。
- **吃水果或含蛋白质的零食**：想给你（或你的孩子）提升一点能量，那就吃点水果吧。水果中含有一种不同的糖——果糖，它不会触发胰岛素的释放。在你的包里放一根香蕉，它能提高你的色氨酸水平，色氨酸是产生稳定情绪化学物质血清素所必需的，并会缓慢地将糖分释放到血液中，让你再坚持一段时间。坚果也很不错，可以激活酪氨酸，酪氨酸是制造多巴胺的关键化学物质。
- **晚上吃点碳水化合物含量高的食物**：这可以激活大脑中的色氨酸，最佳的色氨酸水平有助于调节睡眠。如果你想和你的孩子早点睡觉，那就避免吃高蛋白的睡前零食，这种零食会让你保持清醒。

• **每天喝6杯水**：水是排出身体废物的关键。如果你喝得不够多，废物就会留在你的身体里，让你感到疲倦、迟钝和困倦。不要等到口渴了才喝水，因为此时你已经过度缺水。

• **考虑补充剂**：你可能很难确保你的饮食中有足够的矿物质和维生素，这些矿物质和维生素是制造稳定情绪和积极唤醒大脑的化学物质所必需的，而且对管理育儿压力至关重要。正如一位研究人员所说："一天需要46杯菠菜或8杯杏仁才能达到维生素E的最佳水平。"在世界各地，人们的日常饮食中往往缺乏至关重要的微量元素硒。低硒与焦虑、低能量、易怒、抑郁和疲劳密切相关。辅酶Q_{10}有助于将食物转化为能量。随着年龄的增长，我们体内的维生素水平会降低，所以有时使用补充剂是必要的。压力也会消耗重要的矿物质和维生素。

• **喝甘菊茶**：甘菊茶是一种温和的镇静剂。它作用于大脑中的苯二氮卓类受体，产生镇静、抗焦虑的效果。它是睡前和全天饮用的理想饮料，可以替代咖啡等咖啡因饮料。

• **富含蛋白质的午餐**：肉类或鱼类有助于你的身体制造酪氨酸，维持你大脑中多巴胺的最佳水平，让你一天都能保持警觉和专注。如果你吃了一顿富含碳水化合物的午餐，你可能会在下午感到困倦。

喝咖啡是个坏习惯吗？我一天至少需要喝4杯。

你的孩子早上6点半就醒了，你感觉很累，所以你伸手去拿咖啡，试着让自己清醒一点。咖啡因，存在于咖啡、茶、碳酸饮料和一些止痛药中，是最受欢迎的情绪调节药物之一。咖啡因可以提高你的情绪，让你感觉更警觉、更有动力、更有活力，因为它可以刺激大脑中的去甲肾上腺素、肾上腺素和多巴胺，并提高血糖水平。它还能阻止腺苷（让人感到困倦的大脑化学物质）与腺苷受体结合。咖啡因的耐受性因人而异，也因一天中的不同时间而异。一边吃饭一边适量摄取咖啡因的话，可以让你振作起来。但在空腹的情况下摄取，可能会带来很多问题：它让血糖急速升高之后，又会再次下降，让你感到疲倦、沮丧或烦躁。此外，你摄取的咖啡因越多，你就需要越多的咖啡因才能保持正常，这就是所谓的“下调”。

为情绪充电

你需要为情绪充电，让你的大脑和身体的压力化学物质恢复到基本水平。如果你不为情绪充电，而是继续照顾孩子不休息，你最终可能会脾气暴躁，无法消解长期的压力。这将对你的孩子产生连锁反应，他会因为你而感到压力，进而导致不良行为的产生。

充电可以带来优质的自由时间，你可以做一些让自己放松和享受的事，而不是快速并伴随副作用的放松（比如饮酒、吸烟）。无论多么厉害的父母，如果进入坚忍的“上岗”模式，不进行情绪充电，最终会导致大脑产生负面的化学作用和身体的过度兴奋。当你对孩子越来越恼火和暴躁，越来越不愿意和他玩耍、自发地拥抱他、表扬他时，就说明你需要充电了。因为你认为做这些事不是一种快乐，而是一系列要求。通过练习，你可以熟练地识别大脑中生化失调的迹象：压力化学物质增加，多巴胺和血清素等可以积极稳定情绪的化学物质降低。

情绪充电的类型

情绪充电主要有两种类型：自动调节和互动调节。自动调节是指你做一些事来改变你的大脑化学物质，比如看书、出去散步，或者泡一个热水澡放松一下。互动调节则意味着你与其他人共度美好时光，比如你的伴侣或朋友。如果我们想要保持情绪健康，就要经常做到这两点。

为什么快速解决方案不起作用?

一些人会通过饮酒和吸烟来应对压力。为什么它们如此诱人呢？因为酒精会激活GABA（见第46页），它还能短暂地提高血清素和多巴胺水平，让你感觉更自信、更警觉、更放松。但过量饮酒可能很快就会导致与预期效果相反的结果。当你喝得太多时，你的催产素、DHA、色氨酸和血糖水平都会下降。当处于低血糖和低血清素状态时，你会陷入非常低落的情绪。

喝了几杯酒后，酒精会开始严重削弱我们的高位脑功能，比如我们的语言和情绪调节功能。当这种情况发生时，低位脑会掌控全局。过量饮酒的人会变得愤怒、暴力或抑郁。正是因为低位脑的这种控制，引发了许多家庭暴力和虐待儿童情形。

吸烟会触发乙酰胆碱（一种兴奋性的大脑化学物质）和多巴胺分泌，刺激肾上腺并激活肾上腺素。因此，你会感觉更警觉、更有动力、头脑更清醒。吸烟还会激活支持GABA的烟酸，让你感觉不再焦虑。吸烟也可以减缓心率，帮助肌肉放松。一些研究还表明，吸烟时的吸吮动作会激活催产素，就像孩子吮吸奶嘴一样。

试试——积极运动

走出家门休息一下对全家来说都是有益的。新鲜的空气、阳光和空间可以让父母和孩子平静下来。有许多研究表明，体育锻炼可以释放内啡肽和多巴胺。锻炼还能降低高水平的压力化学物质肾上腺素、去甲肾上腺素和皮质醇。有氧运动可以为大脑提供更多的氧气，可以让你感觉更清醒。一项研究发现，与经常锻炼的人相比，久坐的人更容易抑郁，因为他们体内的内啡肽水平较低、压力激素水平较高。

恢复身心平衡

你已经感觉到了压力、情绪低落和大脑化学反应负面的迹象；你的孩子开始让你紧张，你会对你平时没感觉的事感到愤怒……现在是时候开始改变了。以下这些活动可以降低你的压力化学物质水平。

让你平静下来的活动

当你发现一项能让你平静下来、感到放松的活动时，这意味着你的大脑可能正在释放催产素。科学家克斯汀・乌夫纳斯・莫伯格（Kerstin Uvnäs Moberg）写了大量关于催产素的文章，他说："我们可以选择一些活动和行为来让存储在我们体内的催产素发挥作用，如果良好地使用它，这种天然的治愈物质将为我们充满压力和焦虑的快节奏生活提供一剂解药。"研究表明，催产素可以：

- 产生抗焦虑的效果；
- 降低血压和心率；
- 防止血液中充满压力激素；
- 帮助身体有效地消化食物；
- 减少躁动；
- 提高社交能力。

如果你找到了一项能让你感觉平静的活动，那就一定要有规律地去做，这将使你的催产素保持在最佳水平。比如，坐在美丽的花园或公园里，这会调节身体的高度唤醒状态，并激活自主神经系统中平静且专注的副交感分支（见第46～47页）。

与你所爱的人在一起

缓解压力的最好方法之一是和温暖的成年人待在一起。与合适的人进行一次激动人心的谈话可以降低你的压力化学水平，并激活最佳水平的多巴胺和去甲肾上腺素。与你所爱的人在一起，你会感到非常安全和自在，这也会强烈激活大脑中的阿片类物质，给你一种奇妙的幸福感。如果拥有身体上的亲密关系，这些阿片类物质将对你产生更深层次的影响，因为催产素对阿片类物质有着敏感的作用，让我们可以在爱人的怀抱中尽情享受那种纯粹的幸福感。所以，和朋友打个电话，或和心爱的人在沙发上躺一会儿，沉浸在充满温暖和笑声的交流中，你将能够平静地面对最具挑战性的儿童行为，并有能力在压力下进行良好的思考。

作为父母，一项至关重要的技能是意识到自己的疲惫和情绪失调状态（见第283页），并能主动寻求成年人陪伴的情绪充电能力。父母如果想保持冷静和克制，需要其他成年人的陪伴。不要等到你感到孤独、精疲力竭和沮丧不堪时才开始寻求其他成年人的陪伴。

试试——瑜伽和冥想

研究表明，瑜伽和冥想可以刺激催产素释放。

瑜伽通过激活迷走神经（见第27页）使身体平静，并降低血压。研究表明，瑜伽释放抗焦虑的化学物质GABA（见第46页），使我们感受到真正的平静。摄入酒精也会释放GABA，所以如果你想喝酒，也可以用瑜伽替代！

长期冥想者可以降低自己的血压、焦虑和皮质醇水平。冥想还可以通过镇静杏仁核（低位脑中探测威胁的系统）来平息大脑中过度活跃的应激反应系统。

尽管你很享受孩子的陪伴，但只有具有情感意识的成年人才能给你所需要的情绪调节，这是因为具有情感意识的成年人已经发展出更高级的大脑功能，如同情心、同理心和关心，以及使用言语来表达情感的能力。这些成年人也可能已经形成了良好的迷走神经张力（见第27页），这意味着他们的身体能量可以让周围变得平静。在育儿过程中，情绪调节必须始终是一个单向的过程，所以永远不应该把你的孩子当作你的小知己或小顾问。孩子连他自己的情绪都管理不好，更别说你的情绪了。

识别哪些人对你没有好处

有时，和你亲近的人对你来说并不是最好的情绪调节器，他们可能也处于生化失调状态，因为他们在童年时缺乏足够的情绪调节，也没有通过咨询或治疗来改变这一点。因此，他们可能会在大部分时间里感到焦虑、愤怒或抑郁，所以待在他们身边并不会激活你大脑中的幸福化学物质。你需要分辨生活中哪些人能安慰你，能让你平静下来，并确保自己有足够的时间和他们相处。

当你被激怒

一些父母努力压制自己对童年的痛苦感受，但当他们有了孩子，一切回忆都会涌现出来。孩子强烈的情绪可能激发父母多年来一直成功掩盖的情感痛苦。如果发生这种情况，孩子的哭声或脾气会让你感到绝望、愤怒，想要用语言或身体攻击他。如果你经常有这样的感觉，首先检查一下这种情绪状态是否由前文所述的导致大脑的积极化学物质平衡被破坏引起的，比如疲劳、饥饿、糟糕的饮食、咖啡因摄入过量或太多的独处时间。如果你确定不是这些原因，那这种情绪可能由童年的记忆引发。不要指望对现在困

思考

让你情绪失调的通常是那些在滔滔不绝的长篇大论中“对你说话”的人、非常焦虑或不安的人、与你互动时几乎不提供回应的人。他们很少问你的感受，他们可能会把你当成情绪调节器（更糟糕的是将你当成情绪治疗师），却从来不会对你生活中的问题表现出任何同理心。

扰你的事有清晰的记忆。在婴儿时期，大脑可以存储感官记忆（例如，体感、情绪和图像），但它还不能存储事件记忆——“妈妈对我做的事、对我说的话”。所以，当你还是个婴儿的时候，如果你被关起来独自尖叫，没有人来帮你，你不会记得这个“事件”，只会记得那种孤独而绝望的感觉。如果你经常有这种感觉，你最好去寻求心理咨询或治疗。

“很高兴能和你谈谈”

如果你大部分时间都是单独和孩子在一起，那么就没有人会为你提供必要的情绪调节，降低你的身体唤醒水平。享受与其他成年人在一起的时光，可以让你的大脑状态从紧张转为平静，例如，你可以加入父母社群，结识朋友。亲子社群或父母社群的交流对父母提升亲子情感健康非常有益。

一些父母发现很难承受孩子的强烈情绪，因为父母在自己的童年缺乏足够的情绪调节，这让他们认为强烈情绪是“危险的”。因此，这些父母会发现自己一再希望孩子只有“美好的感觉”，而对孩子在成长过程中的适当情感表达进行惩罚，让孩子自己处理难以控制的感觉。

寻求帮助

人们常说“昨日已成往事”，但如果你曾经历过痛苦的离别，或曾有过痛苦的童年，那往事仍然会对现在的你产生影响。只有在现在被记住的时候，过去才会成为过去。有时，可以寻求心理咨询师的帮助，他可以让你安全地思考你的童年生活。研究表明，“拥有”情感痛苦的成年人通常不会使用他们自己曾经历的缺乏情感的育儿方式。你很难从朋友、伴侣或亲戚那里得到这种情绪调节，因为这些关系是双向的。你只能去寻找一位心理咨询师的帮助，心理咨询或治疗能让你了解孩子的情绪，而不是认为他的激情和兴奋是不可接受的。

“我没法一个人做这些事”

如果大部分时间你都是独自陪伴孩子，作为孩子的情绪调节者，你需要特别的支持。大量的隔离研究结果表明，人们独处太久而没有人际互动，会导致大脑的积极唤醒化学物质减少和压力化学物质增加。一项研究发现，独处对健康的威胁比吸烟更大。

要点

- 怀孕时要善待自己。如果你有压力，你未出生的宝宝也会有压力。
- 作为家长，你花了很多时间来调节孩子的情绪，你也要照顾好自己，你需要情绪充电、高质量的自由时间和来自温暖的成年人的互动调节。
- 不要硬撑，如果你在充满压力的情况下坚持育儿，孩子会感受到你大脑中的负面化学物质，这会影响他的行为。
- 找出能触发你的大脑释放天然镇静化学物质的活动，例如，瑜伽、按摩、冥想和躺在爱人的怀里。
- 如果你真的很难受，那就去寻求心理医生的帮助吧。

致谢

Image credits

The publisher would like to thank the following for their kind permission to reproduce their photographs:

7 Getty Images / iStock: E+ / kate_sept2004.
8 Getty Images / iStock: Primorac91.
27 Dreamstime.com: Warrengoldswain.
49 Getty Images / iStock: RuslanDashinsky.
50 Getty Images / iStock: Rawpixel.
58 Dreamstime.com: Monkey Business Images.
69 Shutterstock.com: Monkey Business Images.
82 Getty Images / iStock: E+ / FG Trade.
95 Getty Images / iStock: encrier.
114 Getty Images / iStock: digitalskillet.
118 Dreamstime.com: Monkey Business Images.
121 Shutterstock.com: goodluz.
122 Dreamstime.com: Pojoslaw.
126 Getty Images / iStock: Kostikova.
145 Shutterstock.com: Jacob Lund.
164 Dreamstime.com: Prostockstudio.
167 Dreamstime.com: Yuri Arcurs.
178 Alamy Stock Photo: Tetra Images, LLC / JGI / Jamie Grill.
181 Dreamstime.com: Stasia04.
200 Getty Images / iStock: Tom Merton.
218 Dreamstime.com: Pavla Zakova.
221 Getty Images / iStock: E+ / EmirMemedovski.
237 Dreamstime.com: Evgenyatamanenko.
241 Dreamstime.com: Lordn7.
244 Getty Images / iStock: ferlistockphoto.
260 Getty Images / iStock: E+ / Marilyn Nieves.
263 Getty Images: Corbis / Simon Marcus Taplin.
283 Dreamstime.com: Fizkes.
291 Getty Images / iStock: AndreaObzerova.
293 Getty Images / iStock: JLco – Julia Amaral.

All other images © Dorling Kindersley

Author acknowledgments

I wish to acknowledge the wonderful work of Professor Jaak Panksepp who has been described as the next Darwin. His discovery of the seven genetically ingrained emotional systems in the brain has given us a map to support parents to enable their children to grow up to enjoy mental health. A wonderful gift indeed.

Publisher acknowledgments

DK would like to thank everyone who worked on previous editions as well as the following for their contribution to this edition: Vanessa Bird for indexing and Kathy Steer for proofreading.

版权所有・侵权必究

Original Title: What Every Parent Needs to Know: A Psychologist's Guide to Raising Happy, Nurtured Children
Copyright © Dorling Kindersley, 2006, 2007, 2016, 2023
Text copyright © Margot Sunderland, 2006, 2007, 2016, 2023
A Penguin Random House Company

著作权合同登记号　图字：01－2024－2067

图书在版编目（CIP）数据

DK脑科学养育指南 ：养育模式如何影响孩子心智发展 /（英）玛格特・桑德兰著 ；袁玮译. -- 北京 ：中国妇女出版社，2024.11

书名原文：What Every Parent Needs to Know:A psychologist's guide to raising happy, nurtured children

ISBN 978－7－5127－2367－2

Ⅰ. ①D… Ⅱ. ①玛… ②袁… Ⅲ. ①家庭教育 Ⅳ. ①G78

中国国家版本馆CIP数据核字(2024)第035828号

责任编辑：赵　曼　郭丽丽
封面设计：末末美书
责任印制：李志国

出版发行：中国妇女出版社
地　　址：北京市东城区史家胡同甲24号　　邮政编码：100010
电　　话：（010）65133160（发行部）　　65133161（邮购）
网　　址：www.womenbooks.cn
邮　　箱：zgfncbs@womenbooks.cn
法律顾问：北京市道可特律师事务所
经　　销：各地新华书店
印　　刷：北京华联印刷有限公司

开　　本：183mm×233mm　1/16
印　　张：18.75
字　　数：279千字
版　　次：2024年11月第1版　　2024年11月第1次印刷
定　　价：138.00元（精装）

如有印装错误，请与发行部联系

混合产品
纸张 | 支持负责任林业
FSC® C018179
www.fsc.org

www.dk.com